بسم الله الرحمن الرحيم

ادارة الإبداع والابتكار

في منظمات الأعمال

Managing of Innovation and Creativity

at the Business Organizations

ادارة الإبداع والابتكار

في منظمات الأعمال

Managing of Innovation and Creativity

at the Business Organizations

الدكتور

عاكف لطفي خصاونه

جامعة البلقاء التطبيقية/كلية الحصن الجامعية

رئيس قسم العلوم المالية والادارية

الطبعة الأولى

١٤٣٢ هـ - ٢٠١١ م

الحامد

جميع الحقوق محفوظة

المملكة الأردنية الهاشمية
رقم الإيداع لدى دائرة المكتبة الوطنية
(٢٦١٦ /٧ / ٢٠١٠)

٣٥٠

✎ خصاونة، عاكف لطفي
✎ إدارة الإبداع والإبتكار في منظمات الأعمال/عاكف لطفي خصاونة.
- عمان : دار ومكتبة الحامد للنشر والتوزيع، ٢٠١٠ .
( ) ص .
✎ ر. إ. : (٢٦١٦/٧ /٢٠١٠) .
✎ الواصفات : إدارة الأعمال//الإبداعية//إدارة الأفراد
*يتحمل المؤلف كامل المسؤولية القانونية عن محتوى مصنفه ولا يعبّر هذا المصنف عن رأي دائرة المكتبة الوطنية أو أي جهة حكومية أخرى.

❖ أعدت دائرة المكتبة الوطنية بيانات الفهرسة والتصنيف الأولية .

* (ردمك) ISBN 978-9957-32-527-5

دار الحامد للنشر والتوزيع

شفا بدران - شارع العرب مقابل جامعة العلوم التطبيقية
هاتف : ٥٢٣١٠٨١-٠٠٩٦٢ فاكس : ٥٢٣٥٥٩٤-٠٠٩٦٢
ص.ب . (٣٦٦) الرمز البريدي : (١١٩٤١) عمان – الأردن

Site : www.daralhamed.net   E-mail : info@daralhamed.net

E-mail : daralhamed@yahoo.com   E-mail : dar_alhamed@hotmail.com

الإهداء

إلى الوالدين العزيزين والأخوة والأخوات

إلى زوجتي المؤازرة في كل طموحاتي

إلى الأبناء الأحباء ملاك، لبيب، تيمار

إلى كل صاحب فكر إداري ساهم في إثراء هذه المسيرة العلمية

أهدي هذا الجهد

د. عاكف خصاونة

المحتويات

قائمة الأشكال

قائمة الجداول

الجدول	اسم الجدول	الصفحة
1-1	ابرز العلماء في المجالات الابتكارية	45
1-2	أهم رواد الفكر الإداري	47

المقدمــة

الحمـد لله رب العـالمين الـذي أعـانني عـلى إنجـاز هـذا الكتـاب في إدارة الإبداع والابتكـار في منظمات الأعمال، وأكرمني بالصبر والقوة لإخراج هذه الطبعة إلى النور مـن أجـل رفدها إلى مكتباتنا العربية التي تستحق منا كل الجهد والعطاء العلمي كما اعتادت أن تعطينا على الدوام.

يقومُ الإبداعُ بدورٍ فاعلٍ في حياة المجتمعات عامة وبيئـات الأعمـال خاصـة؛ وعـلى مختلف المستويات سواء الفردية أو الجماعية أو المؤسسية، ويلعب دوراً بارزاً مساعداً الإدارة في إجراء تغييراتٍ جوهريةٍ تتمثل بإيجاد مكانةٍ مرموقةٍ للجهة المبدعة، وتحسين الجودة للمنتج أو الخدمة لينسجم مـع المتطلبات المتجددة للمنتفعين والمستهلكين.

وتبرز أهميةُ الإبداع في الواقع المعاصر لمختلف أنواع المنظمات، حيـث لم يعد مقتصراً عـلى مؤسسات كبيرة أو صغيرة أو هادفة للربح فحسب؛ بل تجاوزه ليشتمل جميع أنواع المؤسسات الأخرى كالحكومية وغير الربحية والتطوعية وغيرها.

وتُعتبر التغيراتُ السريعةُ التي طرأت في العالم المتمثلة في العولمة، والانفتـاح عـلى الآخر وإزالـة الحدود، والتغيير التنظيمي، والمنافسة الشديدة بين الشركات للاستحواذ عـلى الأسـواق والزبـائن بمثابـة التحدي الحقيقي لمنظمات الأعمال وقادتها، وفرضت عليها واقعاً جديداً ينبغي التعامل والتكيف معه؛ لتتمكن من تحقيق إدارة كفؤه وفاعله قادرة على تجنب المخاطر والفشل، ولتحافظ على البقاء والنمـو وتحقيق الأهداف. وتأكيـــدا على ذلك يرى بعض المهتمين أمثال (جواد، 2000،

ص. 178) بأن الإبداع لم يعد حالةً اختياريةً في هذا الوقت أمام قيادة منظمات الأعمال بل أصبح حالةً حتميةً كي تتمكن تلك المنظّماتُ من التكيُّفِ مع ذلك الواقع وتحقيق النجاح.

وقد بات من المُحتَّمِ على المنظَّمات التي تسعى للإبداع أن يكون لها إداراتٌ قادرةٌ على إيجاد نوعٍ من التناغم بين ما تمتلكه المنظمة من معارف وجدارات، وبين التخطيط الإستراتيجي وامتلاك الرؤية الثاقبة لأهداف المنظمة المبدعة وصولاً بها إلى مكانةٍ تنافسيةٍ تُضاهي المنظماتِ المتميزة. ولتحقيق تلك المكانة، فإنَّ هناك العديد من الأنشطة أو الممارسات الإدارية سوف نعرضها لاحقاً في هذا الكتاب تعتبر مهمة وداعمة لتحقيق الإبداع والتي يجب على إدارات المنظمات المُبدِعة أن تتبنَّاها وتستخدمها في سياساتها الإدارية، لتجسيدها في الكيان التنظيمي والعملي للمنظَّمة,

وخيرَ ما يمكن الاستشهاد به على بعض النجاحات التي تحقَّقت نتيجةَ تبنِّي أنشطةٍ داعمةٍ للإبداع وإدارتها بحكمةٍ وذكاءٍ، هم اليابانيون والكوريون الذين نجحوا في إخراج بلادهم من أزماتٍ شديدة، وظروفٍ اقتصاديةٍ وسياسيةٍ وإداريةٍ صعبةٍ، مرُّوا بها إلى واقعٍ أفضلَ يحتذي،على الرغم من نُدرة الموارد؛ سوى موردِ الإبداع البشري المُرتَكِزِ إلى الإنتاج العقلي والفكري.

ولتعظيم القدرة على التفاعلِ والاستجابةِ لمتطلَّبات واحتياجات البيئات التنافسية أصبحت المنظماتُ تسعى جاهدةً لإيجاد أرضيةٍ وقاعدةٍ ملائمةٍ لبناء الأنظمة الهادفة إلى توظيف الإبداع التنظيمي وتبنِّي أنشطته على اعتبار أنَّها من المُحركاتِ الأساسية نحو تحقيق الأداء الأفضل.

فالإبداع يبدأ من المنظمة والقائمين على إدارتها ثم يعود بالمنفعة الشاملة على كل الأطراف.

وقد تضمن هذا الكتاب ثمانية فصول وهي:

الفصل الأول: الإدارة والإبداع.

الفصل الثاني: العوامل المؤثرة في الإبداع.

الفصل الثالث: النشاطات الداعمة للإبداع التنظيمي.

الفصل الرابع: التفكير الإبداعي.

الفصل الخامس: الإبداع التنظيمي والريادة.

الفصل السادس: التنظيم والإبداع.

الفصل السابع: التغيير الإبداعي.

الفصل الثامن: الاستراتيجيات الوطنية الداعمة للإبداع والأداء المتميز في الأردن.

المؤلف

الفصل الأول

الإدارة والإبداع

Management and Innovation

ويتضمن هذا الفصل المحتويات التالية:

تعريف الإدارة

علاقة الإدارة بالإبداع التنظيمي

الإبداع التنظيمي

نظريات الإبداع/الابتكار

أنواع الإبداع

الفصل الأول

الإدارة والإبـــــداع

Management and Innovation

مقدمة

لقد مارس الإنسان منذ القدم الإدارة بشكل عفوي كنشاط لتدبير شؤون حياته الخاصة ولتحقيق أهدافه في البقاء والاستقرار وتوفير سبل العيش، ولم يكن يعرف الإنسان آنذاك أن هذا النشاط الذي يمارسه سوف يصبح فيمل بعد أحد العلوم المهمة التي تتداخل مع كل أنواع العلوم الأخرى وتتفاعل مع كل مكونات الحياة وتحدد مصير مستوى تقدم المجتمعات والمنظمات بالرغم من النقلة النوعية والعوائد الايجابية التي تحققت للإنسان ونقله من واقع حياة البساطة والغموض إلى واقع أفضل. وقد زاد اهتمام الإنسان بالإدارة وإدراك أهميتها نتيجة اتساع بقعة المعمورة بسبب التطور الحضاري الذي أدى إلى خلق رغبات جديدة تفوق مبدأ الاكتفاء فقط والسعي لتحقيق الأفضل من الحاجات لزيادة مستوى الرفاهية والسعادة في الحياة.

ويعود الفضل الأكبر في ارساء قواعد التطور وتفعيل حراك التقدم والممارسات الإدارية إلى أنظمة الحكم والمؤسسات المختلفة التي قدمت الخدمة للمجتمعات ومارست الأنشطة الإدارية في التطور خاصة تلك التي كونت حضارات مميزه (النعيمي, وآخرون، 2009: 25). كما لا ننكر فضل أصحاب الفكر الإداري الغربي من كتاب وباحثين ومؤلفين الذين لعبوا دوراً بارزاً على المستويين العلمي والعملي ووضع الأسس والقواعد والنظريات والممارسات الإدارية في جميع القطاعات ومجالات الأعمال العامة والخاصة والكبيرة والصغيرة, وذلك ابتداءً من المدرسة العلمية في الإدارة وانتهاء بالمدخل الياباني وثقافة التميز وغيرها.

وأما عن الدور الذي تلعبه الإدارة فإنها تشكل الحلقـة الأقوى في أي عمـل مؤسسي- لأنهـا تمارس مجموعة مـن الوظائف (التخطيط، التنظيم، التوجيـه، الرقابة، اتخـاذ القرار) التي لا يمكن الاستغناء عنها, وبالتالي فإن أسلوب أو آلية الممارسة والتطبيق لتلك الوظائف هو الذي يحتم مستوى النجاح أو الفشل. إن ممارسة الوظائف الإدارية بحكمـة وعقلانيـة بالتأكيد يقـود إلى تحقيـق التـأثير الإيجابي على العاملين وأداءهم في المنظمة ويساهم مساهمة فاعلة في تحقيق الإبداعية.

تعريف الإدارة: Definition of Management

للإدارة تعريفات عديدة ومختلفة ولكن معظم التعريفات تلتقي حول العناصر التالية:

- وجود هدف والعمل على تحقيقه بكفاءة وفاعلية.

- سلوك إداري حكماني وعقلاني

- عمل جماعي وليس فردي

- ممارسة مجموعة من العناصر كالتخطيط والتنظيم والتوجيه والرقابة واتخاذ القرار

- نظام أو نشاط أو عملية أو جهد أو وسيلة

- المهام التي يقوم بها المدير في وظيفته

- حسن استخدام الموارد.

نستنتج من مجمل التعريفات أعلاه أن آلية الإدارة وأسلوبها هو جـوهر المحتـوى, حيـث أن مصير نجاح المنظمة أو المدير أو العاملين يعتمد علـى أسـلوبه الإداري وكفاءتـه الإداريـة وقدرتـه علـى تطبيق وممارسة الوظائف الإدارية التي قد تقود إلى تحقيق الإبداع والأهداف بكفاءة وفاعلية.

هذا وينطبق كل ما حملته الإدارة من وظائف ومعاني وأهداف سامية على كل فروع الإدارة الأخرى أو مجالات تطبيقها كإدارة الإبداع أو إدارة الوقت أو إدارة

التكنولوجيا أو غيرها, ولكن تناول أحد الفروع أو المجالات الأخرى للإدارة يتطلب أكثر تركيزاً على تحقيق أهداف المجال نفسه بكفاءة وفاعلية, حيث أن إدارة الإبداع هي نفسها الإدارة التي تمارس في أي فرع أو مجال أخر, لكنها تتميز من حيث التركيز على تطبيق النشاطات أو الممارسات الإدارية المختلفة التي من خلالها يتولد الإبداع لدى العاملين وتنميته لديهم لتحقيق أهداف معيبة خاصة بالإبداع.

ولتحقيق السرعة في ممارسة وإدخال الإبداع التنظيمي الفعال في بيئة العمل المؤسسي- ومواكبة الأساليب الإدارية الناجحة، فإن من الأهمية أن يأخذ المدير بعين الاعتبار للجوانب التالية:

1- <u>التركيز على الإبداع والتجديد</u>: أي الخروج عن العمل الروتيني والجمود وضرورة تشجيع الأفكار الإبداعية وتبنيها ومواكبة التجديد وممارسة المرونة في تنفيذ سياسات العمل والإجراءات وتطبيق الأنظمة والقوانين بما يتناسب مع التغيرات البيئية ومتطلبات أصحاب المصالح المتجددة.

2- <u>السرعة في التفاعل والاستجابة مع التغير</u>: أي ضرورة السرعة في استثمار الوقت ومحاولة التخلص من التأجيل, لأن عملية التطور سريعة التغير والتجدد ولا يملك المدير مفتاح السيطرة عليها كما يشاء شريطة أن يكون اتخاذ قرار الاستجابة للتغيير مبني على الاستعداد والجاهزية المسبقة المبنية على الدراسات والبحوث والحنكة في الاتصال مع الآخرين وتوفير الموارد الكفؤة.

3- <u>الممارسة الفاعلة للوظائف الإدارية في إدارة عناصر الإنتاج</u>: أي على المديرين أن يستخدموا الإدارة بشكل فاعل كعنصر مهم من عناصر الإنتاج إلى جانب العناصر الأخرى كالعناصر المادية والمالية والبشرية والمعلوماتية والوقت, لأن الموارد مهما بلغ حجم توفرها وإمكانياتها لا يمكن أن تنجح وتحقق الفاعلية والكفاءة معاً في غياب عنصر- الإدارة. أي بمعنى أنها يمكن أن تحقق الفاعلية (أي النجاح وتحقيق الهدف) ولكن

الاستخدام الأمثل للإدارة يؤدي إلى تحقيق الكفاءة (أي تحقيق الهدف بأقل الجهود وأرخص التكاليف، وتحقيق التميز أو إضافة قيمة). ولكي يتمكن المديرين من إدارة المنظمات وتحقيق الأهداف بكفاءة وفاعلية يجب عليهم ممارسة الوظائف الإدارية التالية بالشكل الأمثل:

أ- **التخطيط:** Planning وهي المرحلة الأولى التي يجب أن تعتمد على قدرة المدير في التفكير والبحث والدراسة والتحري والتحليل لعناصر البيئة الداخلية والخارجية لكي يتمكن من التنبؤ لمستقبل المنظمة ورسم السياسات ووضع الخطط والبرامج الصائبة.

ب- **التنظيم:** Organizing وهي الوظيفة الإدارية التي تتعلق في جانبين، الأول: ترتيب وتنسيق كل الموارد والمتعلقة بالمنظمة ووضعها في المكان المناسب ليسهل استخدامها والتعامل معها، وهي ترتبط تماماً بعملية الترتيب والتنسيق أو التصميم التي جاء بها فرانك وليليان جلبرث. أما الجانب الثاني لوظيفة التنظيم يتعلق بوضع نظام العلاقات بين كافة المستويات الإدارية في المنظمة وتحديد المهام والمسؤوليات والارتباطات ما بين الرئيس والمرؤوس وذلك من خلال الهياكل التنظيمية .

ج- **التوجيه:** Directing وهي الوظيفة التي يمارس فيها المدير الإجراءات الإدارية لبناء التقارب والعلاقات ما بين المستويات الإدارية واستخدام أساليب مختلفة لتقديم الحفز والاتصال وتقديم الإرشادات والنصائح للعاملين لمنع الانحرافات عن المسار الصحيح لتحقيق الأهداف.

د- **الرقابة:** Control وهي الوظيفة الإدارية التي تركز على مطابقة نتائج الأداء مع الأهداف الموضوعة من خلال مقارنتها بمعايير محدده تضعها الإدارة بهدف كشف المشاكل وتشخيصها وحلها وتعزيز جوانب القوة للوصول إلى تحقيق الأهداف الموضوعة.

هـ- **الاتصال:** **Communication** وهي الوظيفة التي يحدد مستواها الإدارة، وتعني مدى وضوح طرق وأساليب الاتصال بين المستويات الإدارية الثلاثة العليا والوسطى والدنيا، أي إذا كانت الإدارة العليا منفتحة وتستخدم نمط الاتصال الأفقي والمرن فإن هذا يساعد في عملية الاتصال والتواصل والتفاعل بين كافة المستويات الإدارية وتبادل المعلومة ونقلها بشكل أيسر وأسرع، وأما إذا كان نظام الاتصال في الإدارة منغلق فإن ذلك يزيد من تعقيد عملية التواصل والتبادل بين المستويات الإدارية ويزيد من نمطية الروتين وبناء الحواجز التي قد تخلق انعكاسات سلبية مختلفة مثل التأخر في استلام المعلومة، وضعف الثقة، وضعف الولاء والانتماء وانخفاض مستوى الأداء.

و- **اتخاذ القرار:** **Decision Making** وهي من الوظائف الإدارية التي ركز عليها سايمون (**Simon**) والتي تتعلق بالقدرة على اختيار البديل الأفضل وإصدار الأوامر والأحكام المختلفة والمتعلقة بالمنظمة والعاملين والإجراءات من أجل التعميم والتنفيذ، وتعتبر من أكثر الوظائف صعوبة وحساسية لأنها تتعلق بحتمية مصير يقع على المنظمة أو العاملين إيجابا أو سلباً. لذلك يجب أن يستند دائما القرار قبل اتخاذه إلى الحكمة والعقلانية والدراسة والتأني معتمداً على المعلومة الصحيحة لكي يكون القرار ايجابي. ويرى الكثير أن الإبداع التنظيمي هو نتاج اتخاذ القرار، وبالتالي فأن الإبداع التنظيمي يتطلب ضرورة توفر المعرفة في كيفية اتخاذ القرار والعوامل التي تؤثر فيه (اللوزي2003: 32)

علاقة الإدارة بالإبداع التنظيمي:

Relevance of Management and Organizational Innovation

الناظر في الفكر الإداري يجد أن الإبداع التنظيمي يشكل الامتداد الفكري للمدارس الإدارية لأن ما حملته تلك المدارس ما هي إلا نتاجات إبداعية حققها رواد وأصحاب فكر إداري وخاصة المدرسة السلوكية التي دعمت جهود المدارس الفكرية المعاصرة ولعبت دوراً بارزاً في خلق الإنسان المبدع وتفجير طاقاته الإبداعية التي قادت إلى تحقيق أداء وتميز انعكس على كافة المستويات الفردية والجماعية والمؤسسية، وأصبحت تشكل نقطة التحول في حياة الإنسان والمنظمات والدراسات التي تناولت موضوعات الإبداع التنظيمي. وقد نتساءل لماذا جاء هذا التحول والتغير في واقع الأداء والتطور للأفضل؟ الجواب واضح وجلي، لأن الإدارات في هذه المرحلة انتقلت من تطبيق ممارسات إدارية صارمة كانت تركز فيها على الإنتاجية دون أن تراعي حوافز الإنسان المعنوية إلى مرحلة جديدة ركزت بشكل رئيسي- على الجوانب الإنسانية واحتياجاته المادية والمعنوية واعتبرته العنصر- الأساسي في العمليات الإنتاجية ووفرت له البيئة التنظيمية الملائمة.

ويعتبر الإبداع التنظيمي من الأنشطة والجهود الشاملة التي تهدف إلى إضافة شيء جديد ذو قيمة ليزيد من مستوى الأداء والتميز لإدارة المنظمة والمنظمة والعاملين معاً، ويأتي دور الإدارة في تنمية الجهود الإبداعية ودعمها لتخلق من الأفكار الإبداعية نتاجات حقيقية تنعكس على أداء المنظمة وإنتاجيتها.

وتبرز دعائم الإدارة للجهود الإبداعية بأشكال مختلفة تسمى الممارسات الإدارية سواء كانت هذه الممارسات تطبيقية لعناصر الإدارة أو وظائفها أو سواءً كانت ممارسات أخرى مثل دعم الإدارة، التمكين، المشاركة، الحوافز، التدريب، نمط الاتصال المفتوح وغيرها، حيث تتمحور العلاقة بين الإدارة والإبداع التنظيمي بالعلاقة المتداخلة والعلاقة التنظيمية، المترابطة مع بعضها البعض في

مصير النجاح أو الفشل، أي أن نجاح الإدارة في تطبيق عناصر الإدارة والممارسات الإدارية تعود إلى نجاح الإبداع التنظيمي، وكذلك فإن نجاح الإبداع التنظيمي يعود إلى نجاح إدارة المنظمة والمنظمة والعاملين, لأن هذا النجاح كله لا محالة سوف ينعكس على البيئتين الداخلية والخارجية للمنظمة من خلال التميز والرضا والانتماء, لذلك يمكن القول انه لا يمكن أن يتحقق الإبداع في غياب ممارسات إدارية داعمة له، ولا يمكن أن تكون الإدارة ناجحة في غياب الإبداع، لأن كل منهما يكمل الآخر. كذلك يمكن أن تكون العلاقة بينهما من حيث أن كل منهما يستخدم الأخر كوسيلة لتحقيق أهداف معينه، أي أن الإدارة تستخدم الإبداع لتحقيق الكفاءة واثبات الذات والتميز والمحافظة على بقاء المنظمة وازدهارها وديمومتها، وكذلك فإن الإبداع بحاجة إلى استخدام الإدارة وعناصرها لتحقيق النجاح ولتخصيب الأفكار الإبداعية إلى حيز الوجود لأن الإبداع بدون ممارسات إدارية داعمة يفنى ويزول أو يعيش في شلل وجمود, وخير دليل على ذلك ما قبل المرحلة السلوكية للإدارة أو في ظل المرحلة الكلاسيكية والتي امتدت من عام 1900 – 1927 والتي لم يكن للإبداع فيها ظهور واضح بسبب عدم استخدام الممارسات الإدارية بشكل مرن مع العاملين وتركيز اهتمامات الإدارات آنذاك عى زيادة الإنتاجية وتحقيق الكفاءة والفاعلية واستخدام الحوافز المادية فقط دون إعطاء العاملين نصيب في الأبعاد المعنوية والإنسانية والاجتماعية, الأمر الذي أدى إلى انهماك العاملين في العمل وسعيهم المتواصل لزيادة طاقاتهم الإنتاجية للحصول على المزيد من الأجر المادي وكسب رضا المديرين دون إعطاءهم أي فرص لتحقيق الإبداعية. هذا لا يعني إننا نوجه انتقادات إلى هذه المرحلة بالمفهوم السلبي, لأن كل مرحلة تعايشت في بيئة مختلفة ضمن الظروف الخاصة بها. وبالعكس فإن هذه المرحلة لعبت دوراً كبيراً في عملية التحول من ممارسة الإدارة بالطرق العشوائية التي سادت خلال الفترة ما قبل 1900 إلى ممارستها بالطرق والأساليب العلمية وعملت على ترسيخ ودعم الإدارة كعلم مستقل يستند إلى أسس وقواعد وأصول ونظريات.

ومن أهم رواد الفكر الإداري في هذه المرحلة المهندس الأمريكي المشهور فريدريك تايلور Fredrick Taylor الذي يعتبر أبو الإدارة العلمية، والعالم الإداري المشهور الفرنسي ـ هنري فايول Henry Fayol ، وهنري غانت Henry Gant ، وفرانك وليليان جلبرث Frank & Lilian Gilbreth ، وماكس ويبر Maxweber.

وفي ظل المرحلة السلوكية للفكر الإداري التي استمرت من عام 1927 – 1950 فقد تميزت هذه الفترة في تطوير الفكر الإداري من حيث تركيزها على العوامل الإنسانية والاجتماعية والجماعية في المنظمة وإعطاء العاملين حقوقهم في الحوافز والمكافآت المالية والمعنوية معاً وتوفر لهم بيئة عمل أفضل، مما ساعد ذلك على زيادة الإنتاجية ورفع مستوى الأداء وزيادة مستوى الولاء والانتماء للمنظمة. ويمكن القول أن بدايات الإبداع ظهرت في هذه المرحلة لأنها المرحلة التي وفرت للعامل الثقة بالنفس والاحترام والتشاور والتدريب وبيئة عمل ملائمة وعلاقات عمل جيده على مستوى البيئة الداخلية والخارجية، ومن أهم رواد هذه المرحلة التون مايو Elton Mayo قائدفريق دراسات مصانع هوثورن الأمريكية The Howthorne Studies، وروثلز برجر Rothles Berger ، وروجرز Rogers، وماسلوMaslow، وليفين Leven، وتشيستر برنارد Chester Barnard، وماري باركر فوليت Mary Parker Foulet.

وأما عن علاقة الإدارة والإبداع التنظيمي في ظل المراحل المعاصرة فقد برز هناك تفاعل بينهما بسبب التطور في مختلف جوانب الحياة وانفتاح الدول على بعضها وبناء العلاقات بينهما، واتساع حجم المنظمات وزيادة حدة المنافسة بينهم، بالإضافة إلى ظهور العولمة، وتنوع قوة العمل وزيادة متطلبات واحتياجات السوق والمستهلك.

ويمكن إيجاز ما تميزت به المدارس في هذه المرحلة كالآتي:

- **مدرسة علم الإدارة أو المدرسة الكمية:** The Scientific Management or quantity School

وهي المدرسة الإدارية التي ركزت على استخدام

البحوث الإحصائية, أي ركزت على الأساليب الكمية أكثر من الأساليب النوعية من خلال استخدام مهارات بشرية على قدر عال من المعرفة في علوم الهندسة والرياضيات والإحصاء والاقتصاد وعلم النفس, وذلك بهدف تحقيق الإبداعية في الوصول إلى الهدف. وقد تم استخدام هذه الطرق والأساليب، إبان الحرب العالمية الثانية لتحديد الأهداف الثابتة والمتحركة بدقة وإصابتها كالدبابات والسفن والطائرات وغيرها من المعدات الحربية.

- **مدرسة النظم**: Systematic School وهي المدرسة التي ركزت على تكاملية الأجزاء في المنظمة وارتباطها مع بعضها البعض وان أي خلل في أي جزء سوف يؤثر على بقية الأجزاء, وبالتالي يؤثر على المخرجات الكلية للمنظمة.

- **المدرسة الظرفية والموقفية**: Contingency Theory وهي المدرسة التي تنظر على أن تطبيق الأسلوب الإداري يختلف من منظمة لأخرى ولا يمكن تعميم أسلوب محدد لآن الأسلوب الإداري للمنظمة يختلف حسب المنظمة وأهدافها وتنظيمها وحجمها وأنظمتها وقوانينها وخصوصيتها, وكذلك يختلف حسب البيئة التي تتواجد بها المنظمة. وقد ركزت المدرسة الموقفية على حاجة التنظيم المستمر إلى مواكبة التجديد والتغيير لأن حاجة الجانب الإنساني في مناخ التنظيم إلى التغيير بصورة مستمرة يدعوا إلى ضرورة إحداث الإبداعية في الجوانب التنظيمية، كما أن التغيرات البيئية تفرض على المنظمات إحداث إبداعات تنظيمية بشكل مستمر بهدف تحقيق التميز والمحافظة على البقاء. ويمكن القول أن ما تناولته هذه المدرسة يدعو إلى الإبداع في كل الجوانب التنظيمية والسلوكية والممارسات الإدارية التي يستخدمها المدير وعدم الاعتماد على نمطية واحدة في تطبيق وممارسة الوظائف الإدارية.

- **الإدارة بالأهداف: Management by Objectives** وتبرز علاقة الإدارة بالأهداف بالإبداع من خلال إبداعية العاملين والأداء المتميز الذي يتحقق من خلال دقة وضع الأهداف وتحديدها واستخدام أسلوب النهج الإداري المبني على المشاركة والديمقراطية واستخدام التغذية الراجعة للوصول إلى مدى تحقيق الأهداف ومكافأة الأفراد المبدعين في أداءهم وعملهم. ويمكن القول أن هذا النهج في الإدارة يلعب دوراً بارزاً في نجاح جهود الإدارات في تحقيق الإبداعية لدى العاملين.
- **نظرية الإدارة اليابانية أو نظرية Japaneeze or Z Theory : Z** وتبرز علاقة الإدارة اليابانية بالإبداع بشكل جلي وواضح, وذلك من خلال ما حققته الإدارة اليابانية من نجاحات على كافة مستويات التنظيم في العمل المؤسسي- في اليابان، وقد كان أسباب النجاح يعود إلى النتاجات الإبداعية التي تولدت من عنصر الفرد أو العامل الياباني نتيجة ممارسة إداراتهم لطرق وأساليب داعمة لخلق الإبداع وتوليده كأساليب الحفز المادي والمعنوي، والتدريب، والتركيز على التخصص، واختيار العاملين الأكفاء، والثقافة التنظيمية، والتمكين، والعمل الجماعي والمشاركة، وتحمل المسؤولية للعاملين وغيرها من الأنشطة والممارسات الإدارية التي خلقت منهم موظفاً مبدعاً مؤمناً بالولاء والانتماء والمواطنة الوظيفية وتقديس العمل. لذا فالناظر في الإدارة اليابانية يلاحظ أن كل ما تحقق من نجاحات ما هو إلا نتاج إبداعي حققته إدارة مبدعة كفؤه.

مما سبق نلاحظ أن سر تحقيق التميز والإبداع يكمن في طريقة إدارته كما يمكن القول أن تقدم المنظمة أو تراجعها يعود إلى الكفاءة الإدارية التي تشكل أحد أهم عناصر الإنتاج والتي بدونها لا يمكن إن تتحقق الأهداف بكفاءة وفاعلية مهما عظم حجم الموارد.

الجديدة أو التغيرات التي قد تطرأ على الهيكل والعملية والسلوك التنظيمي، ولعلَّ السببَ في ذلك قد يعود إلى المحور ومجال البحث الذي اعتمد عليه كل باحث في تعريفه للإبداع. وهـذا مـا تطـرق إليـه العساف (1999، ص. 304) في كتابه بعنوان (**السلوك الإداري في المنظمات المعاصرة**) والـذي ينظـر إلى الإبداع من مداخل مختلفة يمكن تلخيصها بما يلي:

1. التركيزُ على العملية الإبداعية: حيث إن الإبداع كعملية تتبع مسارات غير عادية وخلاقة لتقديم تصورات جديدة من خلال إيجاد علاقات بين المتغيرات والتي تـؤدي إلى تكوينات وتركيبـات أو تنظيمات جديدة يقوم بها فرد أو مجموعة من الأفراد.

2. التركيزُ على الإنتاج الإبداعي وحل المشكلات: وهي مجموعـة العوامـل الذاتيـة والموضـوعية التـي تسعى إلى حـل المشكلات والتـي تقـود إلى إنتـاج الشـيء الجديد وذي القيمـة مـن قـبـل الفـرد والجماعة بالشكل الذي يتميز به عن غيره من المنتجين

3. التركيزُ على المراحل الأساسية التي تمر بها العملية الإبداعية: وهي التي تركز على المراحل الأوليـة التي يمر بها العمل الإبداعي منذ الشعور بوجـود مشـكلة مـا ومـروراً بمرحلـة الإعـداد والتحضـير ومرحلة الاحتضان ومرحلة الإشراق وانتهاء بمرحلة التحقيق.

العلاقة بين الإبداع والابتكار:

The Relevance Between Innovation & Creativity

هذا وقد تم استخدامُ الإبداع (Innovation) في كثير مـن الأبحـاث بشـكل مـرادف للابتكـار (Creativity) وأعتبر البعـض أن التمييـز بين المصـطلحين يـرتبط بـالتعبير عـنهما أكـثر مـن الاخـتلاف الجوهري بينهما (أيوب 2000، ص. 7)، ولكن البعـض الآخـر مـن الـبـاحثين والدارسـين ميَّـز بـين الإبداع والابتكار من زوايا معينة

واعتبروها فروقاً على الرغم من علاقتهما التكاملية. ونبرز فيما يلي بعض الاختلافات بينهما كما جاء بها رواد الفكر الذين كتبوا في هذا المجال:

أشار (**Cook, 2000, P.6-7**) إلى أن العلاقة بين الإبـداع (**Innovation**) والابتكـار (**Creativity**) هي علاقةٌ تكامليةٌ كما هي مبينة في الشكل رقم (1 – 1)، حيث أن هناك مدخلات للمنظمـة المبدعـة تشتمل على (الأفكار، والعاملين، والتمويل) تؤدي إلى الإتيان بأفكار غير مألوفة، ومخرجات تشتمل على (الإبداع والنمو، والعائد على الاستثمار) تؤدي إلى الابتكار مـن خـلال التحسـينات المسـتمرة في الإنتـاج وتحقيق المكاسب المادية.

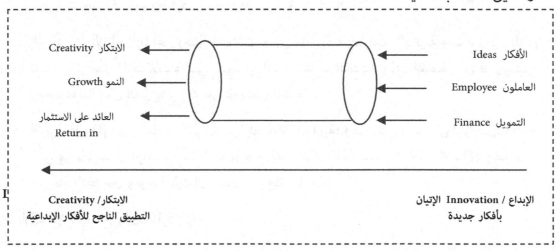

ومن وجهة نظر (**Amabile, 1988, P.123**) فإن العلاقة ما بين الإبداع والابتكار هي علاقةٌ مكمِّلةٌ لبعضها بعضاً ولكن الإبداع شيء والابتكار شيء آخر، حيث إن الإبداع هو عمليـةٌ عقليـةٌ خلَّاقـةٌ تأتي بأفكار مفيدة، جديدة وغير مألوفة من قبل الفرد أو المجموعة الذين يعملون سوياً، بينما الابتكـار هو ناشئ ومبني على الأفكار المبدعة التي تعتبر الركيـزة والأسـاس في العمليـة الابتكاريـه، ثـم عرجـت (**Amabile**) على الابتكار الإداري وعرفته على أنه عبارة عن عملية التطبيق الناجح للأفكار المبدعة.

أما القريوتي (2003، ص. 298) فقد استخدم الخَلقَ كمصطلحٍ مرادفٍ للإبداع والابتكار واعتبر أن ولادة شيء جديد غير مألوف أو حتى النظر إلى الأشياء بطرق جديدة.

بينما اقترح (Cumming, 1998, P.21) بأن الإبداع (Innovation) يأتي بأشياء جديدة لم تكن موجودة من قبل، بينما الابتكار (Creativity) هو الذي يعمل على قولبة أو تشكيل تلك الأشياء لتصبح ملموسة كالسلع والخدمات وغيرها.

وأما الباحثان (Wang & Ahmed, 2002, P.417) فقد عرَّفا الإبداع (Innovation) على أنه عمليةُ التفكيرِ الذهنية والضمنية الخارجة عن الأنماط التقليدية والتي تعمل على إيجاد أفكار جديدة ذات أصالة وقيمة عالية، وتُعتبر المرحلة الأولى لعملية التحسين المستمر، بينما اعتبروا الابتكار (Creativity) أنه التطبيق لتلك الأفكار والحلول في الواقع التنظيمي حتى تنتهي بمخرجات للمستفيدين.

أما في قواميس العلوم الإدارية واللغوية، فقد عرف الإبداع والابتكار على النحو التالي:

عرَّف بدوى (1984، ص. 127) الإبداع والابتكار معا بكتابه معجم مصطلحات العلوم الإدارية بأنهما درجة الخلق لدى الفرد والانحراف بعيداً عن الاتجاه الأصلي والانشقاق عن التسلسل العادي في التفكير إلى تفكير مخالف كلية.

أما (Rosenberg, 1978, P.111 and P. 225) فقد عرَّف الإبداع (Innovation) في كتابة قاموس الإدارة والأعمال بأنه عبارة عن أفعال الإنسان التي ينتج عنها أفكار أصلية جديدة تؤدي إلى تحقيق نتائج فريدة، وأما الابتكار (Creativity) فهو النشاط الذي يؤدي إلى تطبيق الأفكار الإبداعية إلى إنجاز عملي.

وطبقاً للموسوعة البريطانية الحديثة (The New Encyclopedia Britannica) فقد عرَّف الإبداع (Innovation) على أنه القدرة على الإتيان بشيء جديد أو حل جديد لمشكلة ما أو طريقة وأسلوب جديد أو إعادة صياغة لشكل ما.

وفي قاموس معجم اللغة العربية المعاصرة فقد اعتبر (Cowan,1980, P.46) أن الإبداع (Innovation) يحمل عدة معانٍ تعود إلى نفس المعنى وهي الابتكار (Creativity)، والأصالة (Originality)، والإنجاز الفريد (Unique achievement)، والتشكل الجديد (Shaping)، والشيء العجيب (Marvelous)، والتفرد (Singularity)، والحداثة (Fashioning).

وفي قاموس Webester (1978, P.46) عُرِّف الإبداع (Innovation) بأنه الإنجاز ببراعة وتكوين القدرة والتفكير الإبداعي.

ومن خلال ما تقدم يتضحُ مدى التداخل والعلاقة ما بين الإبداع (Innovation) والابتكار (Creativity) وكثير من الدراسات والأبحاث لم تُمَيِّز بين مصطلحي الإبداع (Innovation) والابتكار (Creativity) وقد تم استخدامهما كمصطلحين مترادفين.أما أولئك الذين ينظرون إلى المصطلحين بأوجه مختلفة على اعتبار أنَّ الإبداع مرحلة تسبق مرحلة الابتكار، ويعتبرون أنَّ الإبداعَ هو عمليةُ توليدِ وإيجادِ الأفكارِ الجديدة وغير المألوفة، أما الابتكار فهو العملية التي يكون فيها التركيز موجهاً نحو التطبيق العملي لما يأتي به الإبداع من أفكارٍ وآراء وطرق وأساليب، بمعنى أن عملية الابتكار هي عملية تكميلية للإبداع.

وتأسيساً على ذلك يعتقد المؤلف أنه لا يوجد فوارقٌ كبيرة تشوه جوهر المعنى لمصطلحي الإبداع (Innovation) والابتكار (Creativity) طالما أنَّ معظم الدراسات والأبحاث العلمية والتربوية أجمعت على أنهما يشتركان في نفس العناصر الرئيسة كالطلاقة والبراعة، وسعة الخيال، والمرونة والأصالة، والقدرة على تحسس المشكلات وإدراك طبيعتها، والميل إلى إبراز التفاصيل واستخلاصها بمظهر مبدع، وكذلك طالما أنَّ كلاً منهما يأتي بمخرجات جديدة أو إضافات تهدف أولاً وأخيراً إلى تحسين أداء المنظمة

كما يمكن القول انه مهما اختلفت أو تعددت وجهاتُ نظرِ الدارسِين والباحثين والمفكرين الإداريين حول مفاهيم الإبداع التنظيمي أو الإداري، إلا انه يُلاحَظُ بانَّ كلَ تلك المفاهيم التـي ذكرناها سابقاً يمكن أن تتلخص بالمعاني أو التفسيرات التالية:

- تحسين وتطوير العمليـات الإداريـة المختلفـة بهـدف أداءٍ أفضـل على الخدمـة أو المنتج أو العملية أو الطرق والأساليب.

- إيجاد أو توليد أفكار أو أساليب أو طرق جديدة بهدف التحسين على المنتج أو الخدمـة أو العملية أو الإجراءات داخل المنظمة.

- تبنِّي أفكار أو أساليب أو طرق أو ممارسات جديدة بهدف إحداث التغيير على العمليـات الإدارية أو على المنتجات أو الخدمات التي تعمل بها المنظمة.

ما يشكل الإبداع التنظيمي:

Outcomes of Organizational Innovation

يتميز الإبداع عن غيره من الأنشطة, من حيث ما يملكه من خصائص وتعـدد في المخرجـات التي تنبثق من العملية الإبداعية وتحقيق مجموعة مـن المنـافع الايجابيـة والسلبية معـاً سواءٌ أكان الإبداعُ تقنياً أم تنظيمياً، ويمكن أن نبين ما يشكله الإبداع من المنافع والمخرجات كالآتي:

اولاً: المخرجات التي تحقق منفعة ايجابية: وهي المنفعة التي تفيد التنظيمات على مختلف أنواعها من حيث الفوائد المكتسبة التي تشكل منفعـة مبـاشره تعـود على أصـحاب المصـالح بالرضا والرخاء والرضا والسعادة مثل

التفردَ والتمايزَ؛ أي الإتيان بالشيء المختلف عن الآخرين من المنافسين وغيرهم، حيث يُنشىءُ شريحةً سوقيةً عن طريق الاستجابة المتفردة بحاجاتها من خلال العملية الإبداعية.

الجديدَ؛ وهو الإتيانُ بالجديد سواءً جزئياً أو كلياً في مقابل الواقع القائم، وكذلك يمثل مصدرَ التجدُّدِ وذلك للمحافظة على الوضع الأفضل للمنظمة

وتَقدُّمها واستثمار الأفكار الإبداعية في حل مشاكل المنظمة في البيئة الداخلية والخارجية وإيجاد طرق أفضل للأداء. كما يحقق فائدة للجميع من خلال تسخير نتاجات الإبداع والابتكار للاحتياجات والخدمات الأساسية التي تساعد الإنسان في عيشه كالمستلزمات الصحية والعلاجية والتعليمية وغيرها.

تحقيق الجودة على المنتج مما يسهم في زيادة رضا المستهلك أو العميل، الأمر الذي يمنحه الشعور بأهميته وقيمته كانسان يحقق رغباته المتجددة.

التوليفةَ الجديدةَ، أي أن يكون بمثابة وضعِ أشياءَ معروفةٍ وقديمةٍ في توليفةٍ جديدةٍ في نفس المجال أو نقلها إلى مجال آخر لم يسبق من قبلُ استخدامها فيه.

المتقدِّمُ الأولُ في تنفيذ الشيء، حيث يُعطي ذلك التميزُ لصاحب الإبداع كونه السبَّاق في التوصُّل إلى الشيء الجديد؛ سواءً أكانت فكرة أم منتجاً أم خدمة عن الآخرين وهم المقلِّدون، كما وفي حالة الإضافة أو التحسين وهو ما يُسمَّى بالإبداع الجزئي، فإن صاحبَ فكرة التحسين يكون الأولى بما أضاف على المنتج أو الخدمة من تعديلات، وهذا يعتبر سمة السبق في المبادرة أو الإبداع أي أن يكون صاحب الإبداع على درجة أكبر من السرعة من المنافسين الآخرين في تقديم وإضافة الجديد أو ما هو غير موجود.

ثانياً: المخرجات التي تحقق منفعة سلبية: وهي المخرجات التي يمكن أن نسميها باللاأخلاقية، أي تلك التي يستفيد منها فئة قليله على حساب فئة كبيره وتحقق المصالح الخاصة على مصالح عامه، والتي تؤدي إلى إحداث أضرار على التنظيمات بمختلف مستوياتها مثل

خلق البطالة أو تسريح العاملين نتيجة ظهور إبداع تقني أو تكنولوجي، الأمر الذي قد يؤدي إلى استبدال نتاج الإبداع للتكنولوجيا إلى الاستغناء عن العاملين.

فناء واندثار منافسين أو منظمات نتيجة دخول آخرين بأفكار أو نتاجات إبداعية جديدة دون مراعاة مشاعر المنافسين الآخرين أو المنظمات الأخرى التي يمكن أنها من أوائل المنظمات التي تأسست أو تواجدت في السوق .

قد تخلق منافع سلبية وأضرار تعود على المبدع نفسه كالأضرار النفسية والاجتماعية والاقتصادية.

تخلق أضرار إنسانية في حق الإنسان والمجتمعات كالأفكار الإبداعية والابتكارية التي ينتج عنها الصناعات الحربية والدمار الشامل.

دوافع الإبداع التنظيمي: Organizational Innovation Motivations

يتفق معظمُ الدارسين والباحثين في هذا المجال بأن هناك دوافع ملحة فرضت على المنظمات وإداراتها على مختلف المستويات لتبنِّي الإبداع أسلوبًا ومنهجًا، ولعل ذلك يعود إلى أهم الأسباب التالية:

1. التغيراتُ في عناصر البيئة التنافسية وتزايد المستجدات البيئية التي واجهت، وما زالت تواجه، المنظمات؛ الأمرُ الذي بات يتطلب التحديث والتجديد وضرورة الاستجابة لتبنِّي سياساتٍ وأنشطةٍ داعمة للإبداع لتتمكن من مواكبة التغيرات والتحديات البيئية ولإيجاد وتطوير حلول وأفكار وأراء جديدة تمكنها من النمو والديمومة (الدهان 1992، ص. 178).

2. ازديادُ التحديات والضغوط المنافسة الشديدة، وانفتاحُ العالم على بعضه نتيجة العولمة وثورة المعلومات والتحولات العالمية الجديدة، مما أدَّى إلى ازدياد فُرَصِ الاختيار والتنوع في السلع والخدمات أمام المستهلك (حريم 2004، ص. 347)؛ (Hage, 1999, P. 599).

3. الاستجابةُ إلى ما شهده السوقُ العالميُ من ثورةٍ تكنولوجية وخاصة في مجال السلع والخدمات وطرق الإنتاج والتوزيع في سبيل كسب رضا الزبائن والمستهلكين، مما فرض ذلك على المنظمات الاستجابة لهذه الثورة من خلال إجراء بعض التغييرات الإدارية بشكلٍ إبداعيٍ من أجل أن تواكب

الثورةَ التكنولوجيةَ، ولتتمكن من المنافسة ومواصلة المحافظة على رضا زبائنها والبقاء في السوق **(Rickards, 1996. P.24)**.

4. نُدرةُ الموارِدِ: الأمرُ الذي يتطلَّب إيجادَ طرقٍ إبداعيةٍ ملائمةٍ لتحقيق الأهداف التنظيمية المنشودة في ظل الموارد المتاحة.

5. زيادةُ الوعي والتوقعات للمستهلكين التي أدت إلى إكساب المستهلك بزيادة المعرفة عن مدى توافر المنتجات والخدمات الإضافية وذات الجودة الأفضل، وتنعكس هذه المعرفةُ على نوعية الطلب للمستهلك للسلع والخدمات والمنتجات، وبالتالي تنعكسُ على المنظمات وسعيها إلى تلبية رغبات المستهلك، إضافةً لذلك فإن المستهلكين يطلبون معلوماتٍ تفصيليةً عن الخدمات والمنتجات، والمنظماتُ بحاجةٍ لتوفير هذه المعلومات للمستهلكين بالوقت والسرعة المناسبين؛ سعياً وراء كسب رضاهم. ويُعتَبرُ الإبداعُ أحدَ أهم الموارد أو الوسائل التي تحقق للزبون أو المستهلك نوعاً من التغيير والإضافات، وكسر حاجز الروتين.

6. المسؤوليةُ الاجتماعيةُ: ونظراً لمبدأ الكينونة الاجتماعية والعلاقات المتداخلة والمتبادلة ما بين المنظمات والعاملين فيها، فقد أصبحت المنظماتُ تعيش في واقعٍ أكثرَ وعياً ومرونةً، وتعمل على زيادة إسهامها في دعم وتحسين ظروف وقدرات العاملين فيها من خلال تبنِّي أنشطةٍ داعمةٍ للإبداع تعمل على تنمية الإبداع لديهم وذلك انطلاقا من كونهم جزءًا مهمًا من الكينونة الاجتماعية التي تعيشها المنظمة، وهذه التحسينات تُعرَفُ بالمسؤولية الاجتماعية.

أهمية إدارة الإبداع التنظيمي وتبنيه:

The Significance of Organizational Innovation and Adoptation

يتلخص أهمية إدارة وتبني الإبداع في النقاط التالية:

إكساب الإدارة المزيد من الثقة والاحترام من قبل العاملين.

زيادة مستوى قبول المنظمة لدى الجمهور الداخلي والخارجي.

إكساب المنظمة المزيد من الأرباح المادية والمعنوية.

تحسين الإنتاج والأداء.

يزيد من مستوى الولاء الوظيفي والانتماء المؤسسي.

المساعدة في التقليل من دوران العمل ويحقق الاستقرار الوظيفي والحد من الهجرات.

تمنح المنظمة المزيد من قوة البقاء والكيان والديمومة.

تساعد في تحقيق الميزة التنافسية للمنظمة المبدعة.

التطور التاريخي للاهتمام الفكري بالإبداع:

Historical Growth for the Intellectual Interest in Innovation

من الصعب على المرء أن يُحدِّدَ الفترةَ التاريخيةَ لظهور الإبداع أو يحصره بفترةٍ تاريخيةٍ معينةٍ، وذلك لأن الإبداع ظاهرة قديمة قدم هذه الحياة وحديثة حداثة هذا العصر في آن واحد، إذ يمكن أن نستدل على قِدَمِهِ من خلال خلق الله سبحانه وتعالى لهذا الكون بما فيه من أحداث وأشياء بأحسن خلق وتكوين، وخيرُ الأدلة على ذلك هو كلام الله سبحانه وتعالى بقوله العزيز **(اللّهُ بديعُ السماواتِ والأرضِ، وإذا قضى أمراً فإنّما يقولُ له كن فيكون)** (سورة البقرة، الآية 117)، ومعنى تفسيرها ذلك أنَّ الله تعالى مبدعهما وصانعها على غير مثال سبق. وكذلك قوله تعالى**(قل ما كنت بِدعًا من الرُسُل)** (الأحقاف، الآية 9)، أي ما أنا يا محمد أول من جاء بالوحي من عند الله أو بتشريع الشرائع ، بل أرسل اللّهُ الرسلَ قبلي مبشرين ومنذرين، فأنا على مثالهم وهداهم.

كما ويؤكد على مقولة أنَّ الإبداعَ ظاهرةٌ قديمةٌ هو منذ أن دبَّت البشريةُ على الأرض، ومنذ بدء الخليقة والإنسانُ يُبدع ويخترعُ كما هو الحال أيضا في الجماعة والمنظمة والمجتمع، والتاريخُ مليء بالأمثلة التي لا حصر لها على الإبداعات البشرية إبتداءً من أداة الصيد واكتشاف النار التي ابتدعها الإنسان وإنتهاءً بالإبداعات التكنولوجية الدقيقة (.Nano Technology) التي تمثل ظاهرةَ الإبداعِ البشري الحديث المنتشرة في كافة أنحاء المعمورة.

وتأكيدًا على ذلك لم يحدد (B.H.Boar) (جلدة وعبوي، 2006، ص. 27) فترة معينة للإبداع والابتكار بل حدَّد خمسةَ عصورٍ تاريخيةٍ لتطور الإبداع والابتكار من خلال الإنسان وهي:-

1. **العصرُ البدائي**: Early Age وهو العصرُ الذي كانت فيه قاعدةُ الثروة هي القدرة على الصيد.

2. **العصرُ الزراعي**: Agricultural Age وهو العصرُ الذي كانت فيه قاعدةُ الثروة في المجتمع هي الأرض والزراعة ورمزها المحراث الزراعي.

3. **العصرُ التجاري**: Commerical Age وهو العصر الذي كانت فيه قاعدةُ الثروة فيه هي عملية المقايضة وتبادل السلع أو التجارة التي تتحكم بها الشركات التجارية.

4. **العصرُ الصناعي**: Industrial Age وهو العصرُ الذي فيه قاعدةُ الثروة تتمثل بالأرض والعمل ورأس المال ورمزها المحرك البخاري.

5. **عصرُ المعلومات**: Informational Age وهو العصرُ الذي كانت فيه قاعدةُ الثروة والقوة تتمثل بالمعلومات والمعرفة والقدرة على تكوينها وتراكمها وتقاسمها واستخدامها بكفاءة عالية ورمزها المعلومات المعالجة بالشركات المحوسبة والمليئة بالمعرفة.

وعند الحديث عن تاريخ الإبداع أو الابتكار فإنه يستحق تسليط الضوء على بعض المبدعين والمبتكرين البارزين نظراً لما قدموه من إضافات ساهمت

بشكل مباشر في تحقيق الرفاه للبشرية، والجدول رقم (1-1) يبين أبرز العلماء الذين قدموا ابتكاراتهم العلمية في مجالات مختلفة (مترو، بلا):

جدول رقم (1- 1)

أبرز العلماء في المجالات الابتكارية

الرقم	اسم العالم / المبتكر	إسم الابتكار	تاريخ الابتكار
1.	توماس اديسون	المصباح الكهربائي	1897م
2.	أخوان رايت	الطائرة	1810م
3.	مونتو غولفر	البالون	1783م
4.	ليفين هوك	المجهر	1591م
5.	تورتشلي	البارومتر	1643م
6.	ماركوني	الراديو	1901م
7.	جراهام بل	التلفون	1876م
8.	جاليليوا	التلسكوب	1609م
9.	كوينو	السيارة البخارية	1796م
10.	جمس واط	الآلة البخارية	1765م
11.	جاك دي فوكاتسون	الإنسان الآلي	1780م
12.	كارير	مكيف الهواء	1911م
13.	لايك	الغواصة	1894
14.	يوهان غوتنبرغ	ماكينة الطباعة	1436م
15.	فنتش	السفينة البخارية	1787م
16.	بوروس	الآلة الحاسبة	1888م

المصدر: مترو، فيصل إبراهيم (بلا). مخترعون ومبتكرون سجلهم التاريخ.

ebtekar.8k.com/metro.htm أوخدت بتاريخ 2005/4/18.

وكذلك فإن لرواد الفكر الإداري مكانة مرموقة في التاريخ نظراً لما قدموه من أفكار جديدة للبشرية ساهمت أيضاً في تطوير المجتمعات وتقدم الشعوب وأصبحت نظريات وقواعد راسخة تعود بالمنفعة على الطلبة والباحثين ورجال الأعمال والمجتمع ككل.

ونظراً لما للإبداع التنظيمي من علاقة بالجانب الإداري، يستحق منا الموضوع تسليط الضوء على بعض مفكري ورواد هذا العلم نظراً للقيمة العلمية التي أضافوها، والجدول رقم (2-1) يبين بعض أهم رواد الفكر الإداري (الحسين، 2001، ص. 19):

جدول رقم (2- 1)

أهم رواد الفكر الإداري

الرقم	إسم صاحب الفكر	تاريخ الفكر	إسم الفكرة أو الإضافة
.1	Adam Smith	1776	يعتبر أول من اهتم بتوضيح أهمية التخصص وتقسيم العمل من خلال كتابة المعروف ثروة الأمم.
.2	Eliwhitney	1798	يعتبر أول من أستخدم فكرة الأجزاء القابلة للتغيير في الإنتاج، وكذلك أول من أدخل فكرة محاسبة التكاليف، وكذلك الرقابة على الجودة.
.3	Joseph Jacquard	1801	يعتبر أول من استخدم البطاقات المثقبة في تشغيل النول في صناعة الغزل والتي كانت عبارة عن بدايات لبذور الأتمتة المطبقة في العصور الراهنة.
.4	Charles Babage	1832	يعتبر أول من نادى بتقسيم العمل وتخصيص الوظائف على أساس المهارات
.5	Henry Gant	1880	يعتبر أول من جاء بفكرة الخرائط والرسومات البيانية في العمل لمراقبة الآلات والعمال والإنتاجية.
.6	F.W.Taylor	1881	أول من نشر أفكاره العلمية في كتابة المعروف بأصول الإدارة العلمية وكانت من أهم إسهاماته دراسة الحركة، والوقت، والاختيار العلمي للعاملين وتنمية روح الفريق بينهم، وكذلك مبدأ تقسيم العمل بين الإدارة والأفراد.
.7	Frankand Lilian Gailbreth	1900	وهما زوجان ويعتبران أول من قام بدراسة الحركة والإرهاق أثناء تأدية العمل.
.8	Harrington Emerson	1910	يعتبر أول من قدم فكرة مبادئ الكفاية الإنتاجية ومن أهم المبادئ الإثني عشر التي قدمها هي: - تحديد أهداف حقيقية يمكن تطبيقها. - تحليل واقعي للعمل. - بيان كل جزء بالعمل وعلاقته بالأجزاء الأخرى. - وضع مقاييس معيارية للعمل. - مكافئة المبدعين من العمال والموظفين على نشاطهم.

يعتبر أول من قدم فكرة خط التجميع في صناعة السيارات بـدلاً من الاعتماد على نظام الأقسام الإنتاجية المختلفة، والـذي أدى إلى ظهور الإنتاج الكبير فيما بعد.	1913	H. Ford	9.
يعتبر من أوائل الذين شاركوا في وضع أسس نظرية لإدارة العمل، وقد حدد أربعة عشر مبدأ لإدارة العمل وهم تقسيم العمل، والسلطة والمسؤولية، والانضباط، ووحدة الأمر، ووحدة التوجيه، وإخضاع مصلحة الفرد للمصلحة العامة، ومكافئة الأفراد، والمركزية، والتسلسل الوظيفي، والنظام، والحقوق المكتسبة، والاستقرار في العمل، والمبادرة، وروح الجماعة.	1916	Henri Fayol	10.
يعتبر أول من استخدم الأساليب الإحصائية للرقابة على الجودة.	1924	W.Shewhart	11.
يعتبر أول من نادى بحركة العلاقات الإنسانية وأهميـة العامـل الإنساني في العمل والإنتاج.	1933	E. Mayo	12.
أول من جاء بفكرة الجهد التعاوني واعتبر أن المؤسسة عبـارة عـن نظام لأهداف موجهة من خلال جهود تعاونية.	1938	Chester Barnard	13.
يعتبر أول من عمل في تطوير نماذج البرمجة الخطية التي انتشرت بشكل واسع في مختلف القرارات الإنتاجية.	1947	G.Dentzig	14.
أول من أضاف بأن واقع الأعمال والمهام في كـل مؤسسـة محكـوم بقوانين طبيعيـة (Natural Laws) والمبـادئ الإداريـة التـي وضعها هي: التنسيق، التسلسل الوظيفي وتتكون عمليـة التسلسـل مـن شـقين (تفـويض السـلطة وتعريـف المهـام)، وتنظيم الوظـائف وتحليل العمل من أجل الاستنتاج المنطقي.	1947	James Mooney	15.
يعتبر أول من أسس نظام الرقابة على الجودة.	1950	E.Deming	16.

.17	Abraham Maslow	1954	يعتبر صاحب فكرة تسلسل الحاجات لحفز العاملين على العمل والتي سميت بسلم الحاجات وهي: حاجات فسيولوجية، وحاجات الأمن، وحاجات اجتماعية، وحاجات التقدير والاحترام، وحاجات تحقيق الذات.
.18	Peter Druker	1954	يعتبر أول من قدم فكرة الإدارة بالأهداف وفاعليتها في تطوير العمل والأداء.
.19	Booz & Allen Hamilton	1958	يعتبر أول من قام بتطوير أنموذج تقييم ومراجعة المشاريع.
.20	J.Orlicky	1960	يعتبر أول من قدم نظام تخطيط المستلزمات المادية
.21	J.Foster	1961	يعتبر أول من قدم مدخل النظم للإدارة
.22	Fiedler fred	1967	وهو صاحب فكرة دراسة السمات الموقفية للقيادة وتطوير النظرية الشاملة من سلوك القيادة، وأول من قام بتطوير إستبانة لقياس توجيه قيادة الأفراد الفطرية.
.23	Joseph Juran	1980	يعتبروا أول من عملوا على استحداث جوائز الجودة العالمية (ISO 9000) وتطوير إدارة الجودة الشاملة.
.24	Rosabeth Kanter	1989	تعتبر من أوائل رواد ومفكري ثقافة التميز للمنظمة واعتبرت أن المنظمة يمكن أن تتميز من خلال إحداث تغييرات جوهرية مثل إعادة الهيكلة بما يتناسب مع طبيعة عمل المنظمة ونشاطاتها، تكوين التحالفات مع الأطراف الأخرى وإقامة شبكات إيصال أخرى، تشجيع الريادة من داخل المنظمة، وتغيير أنظمة الحوافز والمكافآت ومنحها للمبدعين دون تحيز.
.25	Charles Handy	1997	صاحب فكرة أن منظمات المستقبل لا بد وأن تكون في ثلاثة أنماط وهي منظمات ثلاثية الأضلاع، والمنظمات الاتحادية، والمنظمات الذكية.

المصدر: إعداد المؤلف بالاعتماد على المصادر التالية: الحسين، محمد ابديوي (2001). مقدمة في إدارة الإنتاج والعمليات؛ الطبعة الأولى، عمان: دار

المناهج، ص19؛ عبوي، زيد منير (2006). الاتجاهات الحديثة في المنظمات الإدارية، ط1: دار الشروق للنشر والتوزيع، ص.ص 208 - 211 .

Burnes, Bernard (2000). Managing Change: A Strategic Approach to Organizational Dynamics; Third Edition, New York: Pearson Education, pp 96-101.

وعليه يتبين أنَّ لكلِ عصرٍ من العصور السابقة إبداعاتٌ وابتكاراتٌ مميزةٌ ومختلفةٌ عن الآخر، ووجودُ اختلافٍ في مستويات الإبداع ودرجات التطور التي تعود لكل عصر، والذي يُعزَى بالطبع إلى تزايد قاعدة الثروة وقاعدة المعلومات في كل عصر من العصر الذي سبقه، بالإضافة إلى اعتبار أن الإبداع والابتكار بات يشكل أحد مقاييس الأداء التنافسي للمنظمة من أجل البقاء والنمو في السوق (جلدة وعبوي، 2006، ص. 29)، وكذلك انطلاقًا من أن الإبداع والابتكار أصبح يحقق ميزةً تنافسيةً، وأن الحاجة إليه أصبحت ملحةً، والطلب عليه يتزايد بلا حدود (**Porter, 1993, P.73**).

نماذج الإبداع التنظيمي: Models of Organizational Innovation

انطلاقا من تزايد الاهتمام بالإبداع التنظيمي في الوقت المعاصر، وزيادة انتشار تعليمِه على مختلف الأصعدة العالمية، قام عددٌ من المفكرين والعلماء والكتَّاب بطرح مجموعة من الأفكار التي أصبحت فيما بعد تسمى بنماذج تعرف بأسماء مؤلفيها، وقد قدمت هذه النماذج أراء ومعالجات مختلفة حول الإبداع التنظيمي، وفيما يلي موجزٌ لأهم ما جاءت به بعضُ نماذج الإبداع التنظيمي:

1. نموذج (**March & Simon, 1958**):

فسَّر هذا النموذج الإبداعَ التنظيمي كما بيَّنها الصرايره (2003، ص. 203) من خلال معالجة المشكلات التي تعترض المنظمة، وخاصة مشكلة تجسير الفجوة في الأداء وهي تقع بين ما تقوم به المنظمة فعلاً وما يفترض أن تقوم به، وتعتمد هذا النموذج على إيجاد البدائل من خلال البحث، وينظر هذا النموذج

إلى عملية الإبداع بأنها تَمرُّ في عدة مراحل هي: فجوةُ أداء، وعدمُ رخاء، وبحثٌ، ووعيٌ، وبدائلُ ثم يأتي الإبداعُ، ويوضِّحُ هذا النموذج أنَّ الفجوة تحدث بسبب عواملَ خارجيةٍ طارئةٍ؛ كالتغيرات في البيئة الخارجية الاقتصادية، والسياسية، والتكنولوجية، والتسويقية، أو بسبب عواملَ داخليةٍ مثل تعيين موظفين جدد أو وجود معايير أداء عالية.

2. نموذج (Burnes & Stalker 1961):

يعتقد روادُ هذا النموذج كما أشار الصرايره (2003، ص. 203) بأن التراكيبَ والهياكلَ التنظيميةَ المختلفة تكون فاعلة في حالات مختلفة ولها علاقة قوية في تطبيق الإبداع في المنظمات، وأن الهياكلَ التنظيمية التي توفر قدرًا أكبرَ من المشاركة للموظفين والعاملين في صنع القرار هي التي يعزز فيها الإبداع وينمو أكثر من غيرها، لأن ذلك يساعد في تسهيل عملية جمع البيانات ومعالجتها.

3. نموذج (Harvey & Mill, 1970):

وقد أفاد هذا النموذج كما أفاد جلدة وعبوي (2006، ص.39) من نموذج (March & Simon, 1958) ونموذج (Burnes & Stalker, 1961). حيث انصبَّ الاهتمام والتركيز على فهم الإبداع من خلال مدى استخدام الأنظمة للحلول الروتينية - الإبداعية والتي يمكن أن تعرف أكثر بالمشكلة والحل، أي وصفوا أنواع المشاكل التي تواجهها المنظماتُ، وأنواع الحلول التي قد تُطبِّقها من خلال إدراك المشكلة عن طريق ما تحتاجه من رد فعلٍ لمواجهة المشاكل والمخاطر المحتمل حدوثها مسبقا أو لتفادي وقوع أي مشكلة قد تحدث في المستقبل، أي تسعى المنظمةُ لاستحضار حلولٍ إبداعيةٍ لم يتم استخدامها من قبل بهدف معالجة المشاكل التي قد تحدث بشكل استثنائي وغير اعتيادي من خلال تبني الهياكل التنظيمية والميكانيكية والعضوية. إضافةً إلى ذلك تناول هذا النموذج العواملَ التي يمكن أن تؤثر في الحلول الإبداعية والروتينية مثل: عمر وحجم المنظمة، ومستوى المنافسة،

ومدى استخدام التكنولوجيا، ونمط الاتصال المستخدم داخل المنظمة، حيث يعتقدون أنه كلما زادت مثلُ تلك الضغوطات قاد ذلك المنظمةَ إلى إعطاء الأمر أكثر اهتمام بالجوانب الإبداعية من أجل الحدِّ منها ومواجهتها.

4. **نموذج (Wilson 1966):**

وجهةُ النظر في هذا النموذج كما بيَّنها جلدة وعبوي (2006، ص. 39) بأنَّ العملية الإبداعية تمر من خلال التغيير في المنظمة من خلال ثلاث مراحل وهي: إدراكُ التغيير، واقتراح التغيير، وتبنِّي التغيير وتطبيقه، ويفترض هذا النموذج بأنَّ نسب الإبداع متفاوتةٌ وذلك بسبب التعقيد في المهام (البيروقراطية) ونمط الإدارة المتبع، ويرى Wilson ضرورةَ حلِّ الصراعات والخلافات التي من الممكن أن تعيق الإبداع. كما ويرى بأنَّ الحوافز لها تأثيرٌ إيجابيٌّ لتوليد الأفكار والاقتراحات، وحفزِ الآخرين في المنظمة على الإسهامات الإبداعية.

5. **نموذج (Hage & Aiken 1970):**

يتميزُ هذا النموذج كما وضَّحه الصرايره (2003، ص. 204) من حيث شموليته وتناوله للمراحل المختلفة للعملية الإبداعية؛ فضلاً عن العوامل المؤثرة فيه، وفسَّرت العمليةُ الإبداعيةُ على أنها تغييرٌ حاصلٌ في برامج المنظمة وذلك عن طريق إضافة خدماتٍ جديدةٍ، وقد حدد هذا النموذج مراحلَ الإبداع كالآتي:

مرحلةُ التقييم: وهي المرحلة التي تقيم النظام ومدى تحقيقه لأهدافه.

مرحلةُ الإعداد: وهي المرحلة التي يتم من خلالها الحصول على المهارات الوظيفية اللازمة وكذلك توفير الدعم المالي.

مرحلةُ التطبيق: وهي مرحلة البدء بإتمام الإبداع.

الروتينية: أي سلوكيات ومعتقدات تنظيمية.

أما العواملُ المؤثرةُ في الإبداع التي تناولها هذا النموذج يتمثل في زيادة التخصصـات المهنيـة وتنوعها، والمركزية، والرسمية، والإنتاج، والكفاءة والرضا عن العمل.

6. نموذج (Zaltman et al., 1973):

وجهة نظرهم للعملية الإبداعية كما أشار جلدة وعبـوي (2006، ص. 41) بأنها تتكـون مـن مرحلتين هما: مرحلةُ البدء وتشمل (مرحلة ثانوية لوعي المعرفة، ومرحلة ثانوية حول مراحـل الإبـداع، ومرحلة ثانوية للإبداع). ومرحلة التطبيق وتشمل (تطبيـق تجريبـي، وتطبيـق متواصـل). وينظر هـذا النموذج إلى العملية الإبداعية بأنها فكرةٌ أو ممارسةٌ جديدةٌ لوحدة التبنـي، كـما اعتـبر روّادُ هـذه النموذج بأن العملية الإبداعية هي ليست عمليةً فرديةً بل عمليةً جماعيةً.

يمكن الاستنتاجُ مما سبق بـأن نمـاذج الإبداع التنظيمـي أجمعـت عـلى عـدة جوانـب مثـل العوامل المؤثرة في الإبداع التنظيمي والمراحل التي تمر بها العمليـة الإبداعيـة إضـافة إلى ضرورة وضـع المعالجات والحلول اللازمة للمشكلات التي تواجه أو تعيق تحقيق الإبداع.

نظريات الإبداع/ الابتكار: Theories of Innovation/Creativity

يـرى نجـم (2003،ص.36) بـأن المخرجـات الإبداعيـة أو الابتكاريـة لا تنحصرـ بشـكل أو بقالب واحد ولا بمدى أو بأسلوب واحد للتطور أو للتشكل , وكذلك يرى أيضـاً بـأن تفسير الإبداع أو الابتكار وتوصيفه غالباً ما ينطبق نتيجة نظريات مختلفة وهي:

1. نظرية الإبداع الفائق أو ما وراء النطاق المادي (Trancedental): أي النظرية التي تعتمد عـلى أساس : أن الإبداع أو الابتكار يعتمد على نمط خاص من الأفراد الذين هم بطبيعتهم يكونـون عباقرة ومبدعين.

.2

3. **نظرية الإبداع الآلي (Mechanestic):** وهو الإبداع الذي يقوم على أساس: أن الحاجة أم الاختراع، والحاجة هي التي تتطلب الإبداع في شيء ما نتيجة وجود مشكلة طارئة أو مأزق موقفي معين .

4. **نظرية الإبداع التراكمي (Comulative Synthesis):** وهي النظرية التي تعتمد على أساس : الجهود المتراكمة والحثيثة في التّحليل والإيثار والتّحري والتّحقق من أجل التّوصل إلى أفكار, ومن ثَمّ إلى إبداعات متجددة تضاف إلى المنتجات أو الخدمات القائمة.

أنواع الإبداع: Types of Innovation

يختلف بعضُ الكتَّابِ وأصحابُ الفكرِ في هذا المجال حول تقسيم أو تصنيف أنواع الإبداع، حيث صنف بعضهم أمثال (Taylor) الإبداع إلى خمسة أنواع حسب الشكل رقم (2-1) وفيما يلي توضيحٌ لكل صنفٍ على حدة (الصيرفي 2003، ص. 14):

1. **الإبداعُ التعبيريُ:** ويقصد به الطريقةُ التقليديةُ التي يتميز بها شخصٌ عن الآخر في إتقانه لعمل شيء معين أو ممارسة أو احتراف مهنة أو فن معين.

2. **الإبداعُ الفنيُ:** وهو الذي يمثل الجانبَ الجماليَ الذي يطرأُ أو يضافُ إلى المنتجات أو الخدمات كالمظهر العام والزينة التي توضعُ على المنتج أو إضافة تصميمٍ أو ديكورٍ مختلفٍ يتميز به المكان الذي يقدم خدمة ما.

3. **الإبداعُ المركّبُ:** وهو الذي يعتمد على مجتمعٍ غير عاديٍ بين الأشياء؛ مثل أن يتم تجميع لأفكار مختلفة ويتم وضعها ودمجُها في قالبٍ واحدٍ من أجل أن يتم التوصل والإتيان بمعلومةٍ جديدةٍ.

4. **الاختراع:** وهو الذي يتم من خلاله استحداثُ شيء جديدٍ لأول مرةٍ، ولكن تكون عناصره والأجزاء المكونة منه موجودة من قبل، ولكن تتم إضافة وإدخال بعض التعديلات عليها من أجل أن تعطي مظهراً جديداً وتقوم بأداء مهمة مميزة مثل اختراع الكمبيوتر.

5. **الإبداعُ الإستحداثيُ**: ويتمثل هذا النوعُ من الإبداع في عملية استخدام لشيء موجودٍ على أرض الواقع، ولكن يتم تطبيقه في مجالات جديدة، مثل أن تتم عملية تطويرٍ وتحسينٍ على نظريات أو مبادئ أو أسس وضعها العلماء السابقون.

شكل رقم (2- 1)

أنواع الإبداع

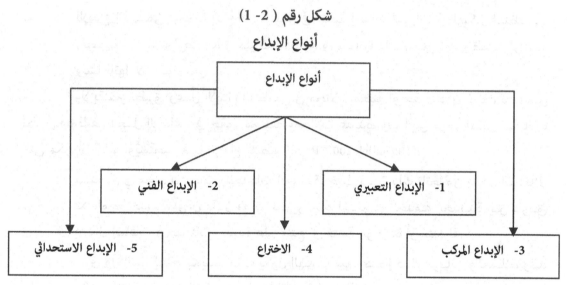

المصدر: إعداد الباحث بالاستناد إلى الصيرفي، محمد عبدالفتاح (2003). الإدارة الرائدة، الطبعة الأولى، ص.14

بينما رأى (Jones, 2004, P.425) بأن الإبداع يصنف إلى نوعين هما:

1. **الإبداعُ الجذريُ**: والذي يتمثل في التوصل إلى العملية أو المُنتَجِ الجديد الذي يختلف بشكلٍ كليٍ وكاملٍ عما سبقها من إبداعاتٍ، بحيث تعمل على تحقيق ميزةٍ تنافسيةٍ، وقفزةٍ نوعيةٍ في السوق. وتتميز من حيث اختلافها الكلي عما جاء به السابقون.

2. **الإبداعُ التدريجيُ**: وهو التوصل إلى المنتج الجديد بشكلٍ جزئيٍ وتدريجيٍ عن طريق التحسينات والإضافات الكثيرة والصغيرة المتتالية التي يتم إدخالُها على المنتجات المتداوَلةِ والتي بالتالي تؤدي إلى تحقيق إبداعٍ جذريٍ.

في حين صنَّف (Brockman & Morgan, 1999, P.398) الإبداعَ إلى صنفين وهما:

1. **<u>الإبداعُ التقني:</u>** ويتمثل هذا النوعُ من الإبداع في عملية إحداث وتطوير منتجات أو خدمات جديدة، وإجراء تغييرات في التقنيات التي تستخدمها المنظمة، وتغييراتٍ في أساليب الإنتاج وإدخال تكنولوجيات حاسوبية في العمل.
2. **<u>الإبداعُ التنظيميُ:</u>** وهو الإبداعُ الذي يتمثل في عملية إحداث تغييراتٍ في الهيكل التنظيمي، وتصميم الأعمال والوظائف، وعمليات المنظمة، وسياساتها وإستراتيجياتها، ونظمها الرقابية ونشاطاتها الأساسية.

ولا يقتصر تطبيقُ وعملُ الإبداع التنظيمي في مجالاتٍ معينةٍ أو حقولٍ دون غيرها، بل يمكن تطبيقُ وتوظيفُ العمل الإبداعي في حقولٍ مختلفةٍ ومجالاتٍ عديدةٍ، وفيما يلي موجزٌ لبعض المجالات التي يمكن أن يُطبَّق ويُستَخدم فيها الإبداعُ التنظيميُ (McDaniel, 2000, P.5):

- يُستَخدم في مجال المنتجات والخدمات الجديدة: حيث يكون ذلك ناتجًا من خلال استغلال تكنولوجيا جديدة، أو أن يكون قد تم تطويرُ ذلك المنتج أو الخدمة الجديدة عن طريق إدخال إضافاتٍ وتحسيناتٍ جديدة على منتجٍ أو خدمةٍ موجودة أو متداولة.
- طرقُ وأساليب إنتاجٍ جديدة: حيث يكون الهدف منها هو إرضاء الزبائن والعملاء، وقد يظهر ذلك عن طريق التركيز على إدارة الجودة الشاملة.
- تطبيقاتٌ عمليةٌ جديدة: والتي يتم من خلالها ضمان أو كسب الوقت والجهد لخدمة الزبائن أو العملاء.
- طرقٌ وأساليبُ جديدة في إجراءات تسليم وإيصال الخدمات والمنتجات للمستفيدين.
- طرقٌ وأساليبُ ووسائلُ جديدةٌ في إبلاغ المستهلك بالمنتجات أو الخدمات.
- وسائلُ وأساليبُ جديدةٌ في إدارة العلاقات الداخلية والخارجية للمنظمة.

وفيما يتعلق بهذين النوعين من الإبداع (التنظيمي والتقني)، فقد أوضح (Daft, 2001, P.371) أن هناك اختلافا جذرياً بينهما يظهر ذلك من خلال انطلاق الإبداع التقني من الأسفل إلى الأعلى في الهرم التنظيمي، أي أنه يتم توليدُ العملية الإبداعية، ودعمُها من قبل المستويات الإدارية الصغيرة في المنظمة وذاتِ الخبرات الفنية، بينما الإبداعُ التنظيميُ عبارةٌ عن عمليةٍ فاعلةٍ تنطلق من قمة الهرم التنظيمي إلى أدناه، بحيث تهتم بها المستوياتُ الإداريةُ العليا، وتقوم بدعمها وتبنيها.

ويرى بعضُ الدارسين والباحثين في هذا المجال بأن المنظمات تنفرد بالتركيز على الإبداع التقني أكثر من التركيز على الإبداع التنظيمي، مما قاد ذلك إلى خلق فجوةٍ تنظيميةٍ انعكست سلبياتُها بشكلٍ واضحٍ على أداء العمل المؤسسي بشكلٍ عامٍ، وبيَّنت نتائجُ الدراسات بأنَّ المنظمات التي تقل فيها هذه الفجوةُ تتمتع بأداءٍ أفضل (الخوالده 2005، ص. 59). كما أكد (Hage, 1999, P.600) بأنَّ الإبداعَ التنظيمي لم يتم تناوله، حتى من قبل الدارسين والباحثين، على مستوى واسع ومتعمق وإنما تم التركيز عليه من أفق ضيقة وجوانب محدودة.

تأسيساً على ذلك يأمل المؤلف أن يحقق هذا الكتاب إضافة جديدة في مواضيع الإبداع التنظيمي ويسد بعض فجوات النقص أو التفاوت.

المنظور التنظيمي للإبداع والابتكار في العمل المؤسسي:

Organizational View for Innovation & Creativity At the Institutional Work

يرى النجارُ (2004، ص. 436) بأنَّ النظامَ الإبداعي والإبتكاري في أي منظمةٍ ما هو إلا نظامٌ يعتمد على مُدخلاتٍ وعملياتٍ تمر في عمليةٍ تحويليةٍ وتشغيليةٍ ثم المخرجات، وأن لهذا النظام ميزاته الخاصة به من حيثُ تواصلُهُ وعلاقتُهُ بالمناخ الخارجي المحيط الذي يُعتَبرُ عاملاً مؤثراً في النظام الإبداعي والإبتكاري، إضافةً إلى بعض المؤثرات الأخرى كالخبرة السابقة والتعلُّم، والتفاعل والإدراك والمعرفة، والشخصية، وطبيعة البيئة والانفتاح الفكري والنمط السلوكي، والحاجات

والإمكانات والقدرات الذاتية. ويبيّنُ الشكلُ (1-3) نظامَ الإبداع والابتكار في المنظمات، وعلاقتَه بمكونات المدخلات كالأمور المالية، والخبراء والعلماء، والمعدَّات والأدوات والمختبرات، والأصول الثابتة، والإجراءات، وبرامج تقييم الأداء، وجدول زمني، بالإضافة إلى مكونات العمليات كطرق تنظيم النظام الإبداعي والمناخ أو البيئة المحيطة به والممارسات الإدارية الداعمة للإبداع والابتكار، وكذلك مكونات المخرجات كنتائج البحوث الأساسية والتطبيقية، والاختراعات، والإبداعات والابتكارات التي تقود إلى بناء منظومةِ المعرفة من خلال التغذية العكسية من النظام الإبداعي والإبتكاري في المنظمات.

الشكل رقم (3-1)

النظام الإبداعي والإبتكاري في المنظمات

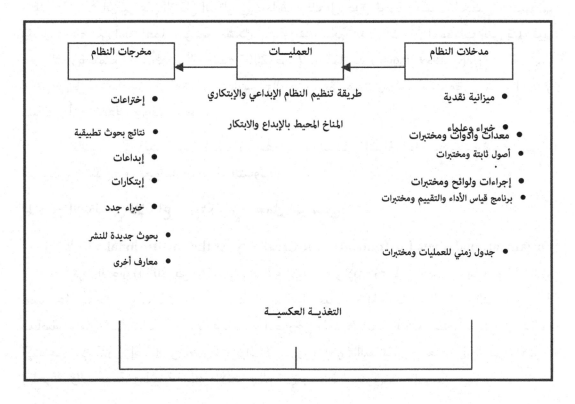

المصدر: النجار، فريد (2004). إدارة الأعمال الاقتصادية والعالمية: مفاتيح تنافسية والتنمية المتواصلة. جمهورية مصر العربية: مؤسسة شباب الجامعة. ص. 439 .

وأشار روشكا (1989، ص. 97) إلى أنَّ القيامَ بالعملية الإبداعية ما هي إلا مظهرٌ نفسيٌّ داخليُّ للنشاط الإبداعي الذي يشمل اللحظات والآليات والديناميات التقنية انطلاقا من بَدءِ المشكلةِ أو صياغة الفرضيات الأولية، وانتهاء من تحقيق الإنتاجات الإبداعية التي تتأثر بمجموعة من النشاطات كأنشطة التفكير، ونقل المعلومات، والمعرفة وكذلك العوامل الشخصية والعاطفية والانفعالات.

بينما بيَّن (Floyd, 2000, P.23) أن القيام بأي عمليةٍ إبداعيةٍ يجب أن تتوافر لدى المنظمات المعرفة في مجالات مختلفة كي تتمكن من اتخاذ القرار في تحقيق الإبداع من خلال صناعة السلع الاستثمارية المنافسة التي تُمكِّنها من تحقيق قبولها في السوق وانتشارها وزيادة مبيعاتها والطلب عليها، حيث تتمثل تلك المعرفةُ في الجوانب التالية:

1. **المعرفةُ بالسوق**: والتي تتمثل بضرورة المعرفة بالطلب المُتوقَّع والمحتمَل على المنتجات في السوق، وأن المنتجات المتطورة لا تتناسب فقط مع الطلب عليها؛ وإنما يجب أن تتناسب أيضاً مع التكاليف المتحققة وإمكانية الاستمرارية في السوق وسهولة تقديمها، وصيانتها من دون أي تعقيدات.

2. **المعرفةُ بالسلعة أو المنتج**: تتمثل هذه المعرفةُ بضرورة المعرفة الشاملة بمواصفات وخصائص السلعة أو المنتج والمهارات ذات العلاقة بكيفية متابعة توفير المنتج واستمرارية التحسين عليه بما يتناسب مع رغبات المستهلكين.

3. **المعرفةُ بالعملية والإنتاج**: تتمثل هذه المعرفة بالعمليات الفنية والإدارية للمنتجات والسلع في بيئة أو أماكن التصنيع، بالإضافة إلى ضرورة المعرفة بمجالات تنظيم البنية الأساسية للعملية الإنتاجية؛ بما يتضمن الطلبات من المنتجات والتوريد والرقابة على العمليات والشحن وكذلك جدولة الإنتاج وغيرها.

4. **المعرفةُ بتطوير السلع والعمليات**: تتمثل هذه المعرفة بضرورة الإلمام بالعمليات الإنتاجية وكيفية ضبطها والرقابة عليها بما يتناسب مع حاجات

ورغبات المستهلكين والمصدرين والموزعين وغيرهم من أصحاب المصالح والمنتفعين في السوق.

5. **<u>المعرفةُ في مجال الإدارة والرقابة للمشروعات المنتجة</u>**: تتمثل هذه المعرفةُ بضرورة إتقان المهارات الإدارية الخاصة بالتنظيم والعمل الإداري والرقابة، بالإضافة إلى المعرفة بمختلف الموارد الإنتاجية كالموارد المادية والتكنولوجية والبشرية.
6. **<u>المعرفةُ في مجال العمليات الجديدة وتصميم السلع</u>**: تتمثل هذه المعرفة في مجال تطويرِ وتصميمِ عمليات الإنتاج للسلع والمنتجات وكيفية اختيار مستلزمات التصنيع ونوعية المعدَّات والآلات اللازمة وكيفية ترتيبها، بالإضافة إلى ضرورة المعرفة بعمليات الإمداد والتزويد والرقابة على الإنتاج، وكذلك العمليات الخاصة بالتخزين والتغليف والتعبئة.
7. **<u>المعرفةُ بمتابعة توفير الخدمة والصيانة</u>**: تتمثل هذه المعرفةُ بكيفية متابعة توفير العناية الصحية بالمنتجات ومعدات التصنيع بما يتلاءم مع البيئة المحيطة، وبما يكفل في استمرارية وديمومة الإنتاج بالمستوى المطلوب.

ويمكن أن نضيف إلى جانب تلك المعارف التي بيَّنها **Floyd** بأن هناك معرفة أخرى ذات ضرورةٍ وأهميةٍ بالغةٍ لم يتم تناولها ويجب على المنظمات معرفتها وممارستها في سياساتها الإدارية كي تتمكن من تحقيق العمل الإبداعي والإبتكاري في المنظمات،وهو ضرورة المعرفة بالأنشطة الداعمة للإبداع التنظيمي، أي ضرورة معرفة إدارات المنظمات بممارسة واستخدام نشاطات معينة في منظماتهم كي يتمكنوا من زرع مبدأ التحفيز والحراك الإبداعي لدى الموارد البشرية أو العاملين في المنظمة انطلاقا من أهمية هذا المورد وهو العنصر البشري وأهمية معرفة كيفية استغلال وتفجير طاقاته الإبداعية .

وبين **(Lancaster & Lastor, 2000, P.142)** بأنَّ عمليةَ الوصولِ إلى تحقيق الإبداع في المنظمات لم يتحقق عفوياً أو من خلال الصدفة، بل لا بد من

خلال وجود مصادر، سواءً من داخل المنظمة أو خارجها، تسهم في إيجاد وخلق الأفكار الإبداعية؛ ومن تلك المصادر مثلاً العاملون وخاصة الذين يكونون على علاقة مباشرةٍ مع الزبائن والجمهـور، والزبـائن وذلك نظراً لبحثهم المستمرِّ عن الأفضل، وحثهم على تطوير وتحسين السلع والخـدمات المقدمـة لهـم، والموردون وذلك لعلاقتهم المباشرة ما بـين المسـتهلك والمنتج، ووسـطاء التسـويق وذلك لعلاقـاتهم وترابطهم بالمصنعين والموزعين والمنتجين ومنظمات التجزئة، والمنافسـون وذلك لأنهـم يُشكِّلون خطـراً وتحدياً على إدارة المنظمات من حيث السيطرة على السوق والحصة السوقية والاستحواذ علـى الزبـائن والمستهلكين، بالإضافة إلى مصادر أخرى كمراكز البحث والدراسـات والجامعـات ومكاتـب الاستشـارات والمجلات والكتب والمواقع الإلكترونية أو الشبكة العنكبوتية وغيرها.

أسئلة للمراجعة/الفصل الأول

اولاً: اجب عن الأسئلة التالية:

1) اذكر العناصر التي أجمعت عليها تعريفات الإدارة

2) عرف إدارة الإبداع.

3) ما هي الاعتبارات التي يجب أن يراعيها المدير لإدخال الإبداع التنظيمي الفعال في بيئة العمل المؤسسي؟

4) ناقش علاقة الإدارة بالإبداع التنظيمي

5) اذكر مع الشرح منافع ومخرجات الإبداع التنظيمي

6) كيف يشكل الإبداع والابتكار في العمل المؤسسي منظور تنظيمي؟

ثانياً: أكمل الجمل التالية:

1) يعتبر.......أول من نشر أفكاره العملية في كتابه المعروف بأصول الإدارة العلمية.

2) أول من جاء بفكرة الخرائط والرسومات البيانية هو.........

3) أول من نادي بحركة العلاقات الإنسانية هو...........

4) نظرية الإبداع الفائق هي................

5) الإبداع المركب هو................

6) الإبداع الجذري هو................

الفصل الثاني

العوامل أو النشاطات المؤثرة في الإبداع

The Effective Factors For Innovation

ويتضمن هذا الفصل المحتويات التالية:

العوامل المؤثرة في الإبداع الفردي

العوامل المؤثرة في الإبداع التنظيمي

الفصل الثاني

العوامل أو النشاطات المؤثرة في الإبداع

The Effective Factors For Innovation

لقد بيَّنت الدراساتُ العديدَ من العوامل أو النشاطات أو الممارسات أو المستلزمات أو المقومات كما سماها البعض التي تلعب دوراً فاعلاً في تنمية الإبداع على الرغم من الاختلاف في مستويات الإبداع, حيث تم تناول الإبداع من خلال المستوى الفردي والمستوى التنظيمي وإبراز لكل مستوى مجموعة من العوامل التي تؤثر في تحديد مستوياته وتساعد في تنميته, وفيما يلي توضيح لكل من النشاطات أو العوامل المؤثرة في كل من الجانبين الفردي والتنظيمي:

العوامل المؤثرة في الإبداع الفردي:

The Effective Factors For Individual Innovation

يرى العساف (1999،ص10) بان مستوى الإبداع الفردي يختلف من شخص لآخر وذلك باختلاف الصفات والسلوك والمميزات والتركيبات الجسمية والعقلية والانفعالية وكذلك الاجتماعية. وقد بين المعاني (1996، ص84) أن الإبداع الفردي يتأثر بعاملين رئيسين هما:

أ- **العامل الفسيولوجي:** وهو العامل الذي يعتمد فيه الفردُ على القُدُرات العقلية والذهنية الإبداعية وأهمها المرونة والطلاقة والأصالة والقدرة على التنبؤ.

ب- **العامل النفسي أو السيكولوجي:** وهو العاملُ الذي يعتمد على الاندفاع الذاتي للعاملين في التنظيمات إلى الإبداع، حيث بيَّنت الدراساتُ المختلفةُ أنَّ هناك دوافع معينة للعاملين المبدعين وهي: الحاجة إلى تحقيق الذات, والحاجة إلى الإنجاز, والحاجة إلى النظام, والحاجة إلى الجودة في الأداء, والحاجة إلى الجدة والرغبة في التعرف والاستطلاع.

وبين (Williams, 2001, P. 65) بأن العامل الاجتماعي للفرد يلعب دوراً مؤثراً في الجانب الإبداعي نظراً لارتباط ذلك ارتباطاً وثيقاً وإيجابياً مع الإبداع، وتشتمل العوامل الاجتماعية على جوانب مختلفة التي تلعب دوراً فعالاً في تكوين الشخصية الإبداعية كالأسر والمؤسسات الاجتماعية والثقافية والمجتمع المحيط.

بينما اعتبر (Judith & Hairre, 2004, P. 28) أن العوامل الخارجية المتمثلة بالمؤشرات البيئية الخارجية كالظروف الاقتصادية والمالية والثقافية والاجتماعية والسياسية مؤثرات ذات فاعلية على الإبداع الفردي كونها متغيرات تعرض الفرص والتهديدات وتحفز على اتجاه استراتيجيات ممكن من خلالها اغتنام تلك الفرص وتجنب التهديدات قدر الإمكان أو الحد منها.

أما المغربي (2004،ص346) اعتبر العوامل الاجتماعية والبيئية والشخصية من المؤثرات الحقيقية للإبداع الفردي لأن المؤثرات الاجتماعية ترتبط مباشرة بالقيم والعادات والتقاليد والعقائد السائدة وأيديولوجية المجتمع وجهاز الحكم وسياسة التعليم ونظرة المجتمع نحو التغيير وتحمل المخاطرة، وكذلك نظرة المجتمع نحو التجارة وسعر الفائدة ونظام السوق, بينما المؤثرات البيئية ترتبط ارتباطا وثيقاً بالسياسات التنموية المختلفة كالفقر والبطالة والتلوث البيئي والوعي المجتمعي تجاه السلامة والصحة في العمل والنشاط الاقتصادي العام، وأما المؤثرات الشخصية فقد اعتبرها ذات أهمية كبيرة كونها تتعلق بالفرد نفسه من حيث تكوين شخصيته والصفات التي يتمتع فيها كالخوف من الفشل والكسل والخوف من تحمل المسؤولية وغيرها.

كما صنّفَ العسافُ أيضاً (1999، ص14) المقومات الفردية للإبداع إلى خمسة أصناف وهي:

1- مقومات عقلية وإدراكية: وهي التي تميّز الفرد عن الآخر من خلال القدرة على التفكير والتحليل والتصور والمقارنة والاستنتاج ورصد الخبرات والدروس المستفادة.

2- <u>مقومات انفعالية</u>: وهي المقومات التي تتكون من الغرائز الإنسانية والوجدانية المختلفة التي تزوّد الفرد بالمزاجيّة وتضفي على سلوكياته خصائص شخصيّة كالحماس والغضب والفرح والابتهاج والمحبة والكراهية.

3- <u>مقومات فسيولوجيّة أو عضوية</u>: وهي التي يتميز فيها الفرد عن الآخر من حيثُ التركيب أو البنية الجسميّة كالطول أو الضعف أو القوة.

4- <u>المقومات البيئيّة</u>: وهي المقومات التي تلعب دوراً مهماً في التأثير على استجابات الأفراد وتحديد سلوكياتهم لأنّها ترتبط مباشرة بالبيئة العامة التي تحيط بالفرد كالمؤثرات الاجتماعية والبيئية والمادية والسياسية والاقتصادية والقانونية.

5- <u>المقومات القيمية</u>: وهي التي تعبّر عن فلسفة الإنسان في علاقاته مع الآخرين.

بينما نجم (2003، ص129) فقد ربط العوامل المؤثرة في الإبداع الفردي من خلال مجموعة من الخصائص الفردية وهي:

1. <u>الميل إلى التعقيد</u>: ويعني أن المبدعين عادة ما يجدون دافعهم الذاتي في مواجهة المشكلات الصعبة والمعقّدة ومفارقة القائمة التي يجدونها تمثل حلول البيئة المألوفة والسهلة التي يستطيع كل فرد القيام بها, وكذلك التميّز في التعامل مع الفكرة أو المفهوم بشكل لم يُسْبَقْ وإن تعامل معه.

2. <u>حالة الشك</u>: وتعني فلسفة المبدع من حيثُ عدم قبوله أو استسلامه للإجابة الجاهزة, وإنّما يتميز بكثرة الأسئلة والاستفسارات البعيدة عن المألوف.

3. <u>الحدس</u>: ويعني التعمق في جمع المعلومات لتحديد المشكلة والتعمق في تصور وتجاوز الارتباطات الظاهرة إلى الارتباطات غير المرئية والى ما بعد الأشياء , وكذلك يعتبر الحدس: هو الاستبطان الذاتي والنظر في الأشياء بعيداً أو خارج علاقاتها الموضوعية الصلبة.

4. <u>النفور من القيود والمحددات</u>: ويعني أن المبدع لا يقبل أن يوضع في صندوق مقفل ولا يقبل العمل ضمن الشروط المحددة أو في حدود ضيقة أو مواصلة العمل الروتيني الممل الذي يحصر مستوى التفكير والبعد الذهني.

العوامل المؤثرة في الإبداع التنظيمي:

The Effective Factors For Organizational/ Innovation

يعتمد المحورُ الرئيسُ للمنظماتِ المُبدِعةِ على مدى رعايتها وتبنِّيها لنشاطات داعمة للإبداع وتنميتها في بيئة تنظيمية تُغذِّي الاتجاهاتِ الإبداعية بطاقاتها، وتصقل كيانَها بالمنهج العلمي والفكري الذي يقوم على قواعدَ وأسسٍ وممارساتٍ وظيفيةٍ تهدف إلى غَرسِ الإبداعِ في العمل المؤسسي وتعمل على تطويره وتحقيقه من خلال كافة الموارد والطاقات المختلفة.

ولكي يتحقق الإبداعُ في المنظمات؛ يجب عليها أن تتبنى وتستخدم نشاطاتٍ داعمةً، وتأتي به من خلال الأفراد العاملين في المنظمة أو تنميته لديهم.

وقد بيَّن (Davis & Scase, 2000, P.3) بأن هناك مجموعة العوامل المؤثرة في الإبداع التنظيمي وهي:

1. الاعتمادُ على مشاركة الأفراد في العمل داخل المنظمة.
2. الاعتمادُ على استخدام وتكوين فرق العمل لتنفيذ بعض الأعمال الخاصة بالمنظمة.
3. التركيزُ على توجيه كافة الموارد والطاقات المختلفة في المنظمة لتحقيق رؤية وأهداف ورسالة المنظمة.

بينما رأى (Nickerson, 1999, P.407-420) بأنَّ الإبداعَ يمكن أن يتحقق من خلال المقومات التالية:

1. وضعُ الهدف، والاهتمامُ به، والسعيُ من أجل تحقيقه.
2. بناءُ المهارات الأساسية كقاعدةٍ للإبداع.

3. التشجيعُ على اكتساب وامتلاكِ المعرفة.
4. إتباعُ أسلوبِ الحثِّ والمكافأة للأفراد الذين لديهم مَلَكةُ الاكتشاف وحب الاستطلاع.
5. الاعتمادُ على سياسة التحفيز.
6. التشجيعُ ودعمُ الثقة لدى الأفراد، وعدمُ الخوفِ من المخاطر.
7. زرعُ سياسةِ المنافسة والتحدي في نفوس الطاقات البشرية.
8. زرعُ مبادئ القيم والإيمان لدى الأفراد بمدى أهمية الإبداع ونتائجه الإيجابية التي تنعكس على الأداء.
9. تنميةُ المهارات والإدارةِ الذاتية لدى الأفراد من أجل دعم المبادرة لديهم والشعور بالاستقلالية.
10. التركيزُ على إستراتيجيات التعليم التِّقني من أجل تسهيل عملية الأداء الإبداعي.
11. إشراكُ العاملين ببرامجَ تدريبيةٍ.
12. تركيزُ إدارة المنظمة على البحث والتجريب.

أما علي (1986، ص1074) فقد وضع أنموذجاً أطلق عليه اسم الأنموذجَ المثاليَ للمنظمة الإبداعية؛ والذي بيَّن من خلاله على أن المنظمة المبدعة يجب أن تعتمد على المقومات أو الأنشطة التالية:

1) دعمُ شُيوعِ قيمٍ تنظيميةٍ واضحةٍ تحدد قوة الدفع للمنظمة، وتتطابق مع قيم التغيير والإبداع.
2) تبنى أساليبَ لتنمية الاتجاهات الإبداعية، وتشجيعها، ما يقوِّي من قدرة المجتمع على تقبل التحديات والاطمئنان لشيوع قيمٍ جديدةٍ تؤكد مشاركة القيادة التنظيمية في وضع تصوُّر البيئة التنظيمية، ومسؤولياتها تجاه التغيير بمشاركة أعضاء المنظمة كافة.
3) الاستثمارُ في الأبحاث، وتشجيعُ التخطيط الطويل المدى المتسمِ بالمرونة.

4) الميلُ إلى اللامركزية في العمل.
5) استخدامُ الأسلوب القيادي الديمقراطي مع العاملين.
6) توفُّرُ استقلاليةٍ ذاتيةٍ، ولا تحاول أن تتبع خطوات القائد دائماً.
7) تشجيعُ أصحابِ الأفكار وإظهارُهُم.
8) توفُّرُ قنواتِ اتصالٍ مفتوحةٍ.
9) توظيفُ أنواع مختلفةٍ من الشخصيات.
10) تشجيعُ التحاور وتبادل الرأي والنقد الذاتي والمشاركة.
11) تمكينُ الأفراد من التفتح على ذاتهم، وتنميةُ إمكاناتهم الإبداعية.
12) تعميقُ شجاعةِ التساؤلِ والرفضِ لما هو خطأ، حتى لو كان شائعاً ومقبولاً، وشجاعةِ الهدمِ من أجل البناء والتخيُّل لما يبدو مستحيلاً ومحاولة تحقيقه.
13) احترامُ السماتِ الشخصية للمبدعين؛ كالفضول والبحث والتدقيق وحب الاستقلالية والمخاطرة والانشقاق والرفض للتقيد بالعادات والممارسات المُسَلَّمِ بها.

إضافةً إلى ما ذكر فقد أوجدت الدراساتُ والأبحاثُ في هذا المجال بأن هناك مقومات وأنشطة أخرى داعمة للإبداع مثل:

1. الاعتمادُ على أسلوب التغذية الراجعة **(Swan & Birke, 2005, P.34)**.
2. الاتصالُ والتشاركُ في المعلومات، والهيكل التنظيمي الداعم والنمط القيادي الملائم، والتفويض، واستبعاد الأفراد غير المبدعين.
3. تمكينُ العاملين**(Morris, 2005.P.21)** .

وبين المعاني (1996, ص. 84-93) بأن عدة عوامل مؤثرة في العملية الإبداعية التنظيمية, ويتلخص أهمها بالعامل البيئي الذي يتمثل هذا العاملُ في المُناخ السائدِ في التنظيمات والتي تتعلق بواقع وظروف العمل والعاملين داخل المنظمة، حيث تتكونُ البيئةُ التنظيميةُ من القيم الفردية لدى قيادة المنظمة والعاملين فيها ومعتقداتهم وأنماطهم السلوكية، حيث تتفاعل هذه العواملُ مع بعضها بعضاً لتوجد

المُناخَ التنظيمي الخاصّ بها والذي يلعب دوراً مؤثراً على الإبداع التنظيمي. كما وبيَّن المعاني بأنَّ هناك مجموعة من الممارسات التنظيمية المساعدة في تنمية الإبداع التنظيمي في المنظمات وهي:

تشجيعُ العاملين على طرح ومناقشة أفكارهم بجدية والعمل على احترام آراء الآخرين والاعتراف بإنجازاتهم ومشاركتهم دون الاعتماد على التحيز والمحاباة.

فتحُ قنوات اتصال فعالة بين العاملين، بحيث تسمح لهم تبادل المعلومات والتعبير عن أفكارهم ومداولة النقاشات.

العملُ على قبول التغيير والتكيف معه على اعتبار أنه أمرٌ ضروري ومهمٌ.

دعمُ وتشجيع التنافس بين العاملين لخلق أفكار إبداعية جديدة.

الاهتمام بالأفكار الجديدة ودراستها بجدية والأخذ بتطبيق ما يستفاد منها.

دعمُ المبدعين من خلال الحوافز المادية والمعنوية.

توفير الأنظمة والقوانين والتعليمات التي تشجع على دعم الإبداع التنظيمي وتنميته.

استخدام أسلوب التفويض ومنح الصلاحيات للمستويات الإدارية الأخرى في المنظمة ليتسنى لهم فرص العمل والجد واستثمار الوقت.

توفر القيادات الإدارية ذات الكفاءات والمؤهلات العالية والتي تدرك قيمة وأهمية الإبداع في التنظيمات الإدارية.

وبين (Adam et al., 1998, P.140) أنَّ للإبداع التنظيمي عوامل مؤثرة أخرى مثل:

أ- **رعاية المنظمة للأعمال الإبداعية:** وذلك من خلال رعايةُ الأفكار الجديدة والاهتمام بها, والاعتماد على خطط عمل مبسطة لإجراء التغيير والاعتماد على السرعة في إجراء التغيير؛ وخاصة عندما تكون طرق وإجراءات العمل واضحة.

ب- **تطوير القدرات الإبداعية من قِبل إدارة المنظمة:** وذلك من خلال الاهتمام بالأفكار التي تُطرَح من قبل العاملين بغض النظر عن مختلف مستوياتهم الوظيفية, والإيمانُ بأن القدرات الإبداعية هي من أساسيات إجراء التغيير وتحقيق التقدم والنجاح للمنظمة.

ج- **تنظيم الإبداع:** وذلك من خلال الرعايةُ للأفكار الجديدة ودعمُ الإدارة العليا لها, وتوفيرُ الهيكل التنظيمي الملائم والمبادرة بعرضُ وتقديمُ منتجات جديدة.

د- **غرس الثقافة الإبداعية:** حيث يتضمن هذا العامل ضرورة توفير موظفين جدد وأشخاصٍ ذوي كفاءاتٍ وخبراتٍ عاليةٍ والاعتماد على توفير مصادر خارجية للأفكار الجديدة.

أما (Williams, 2001, P.65) فقد رأى أنَّ الإبداع التنظيمي يخضع لعدة عوامل مؤثرة تساعد في تنميته وتطويره وهي:

- **العواملُ الثقافية:** والتي تتمثل بالمعتقدات والقيم التي يشترك بها أعضاء المنظمة والتي تعمل على تحقيق التكامل الداخلي.

- **الهيكلُ التنظيمي:** بحيث يكون الهيكلُ التنظيميُ مرناً ويسهل التعامل معه ويُشجِّع على حرية التفكير ووضوح المهام والأدوار.

- توفيرُ الموارد والمستلزمات المختلفة كالموارد المالية أو الأدوات والمعلومات والتسهيلات في تحفيز ودعم الإبداع.

- **تكوينُ فرقِ العمل:** يؤثر تكوين فرق العمل على الإبداع من خلال تكوين فرق عمل تحتوي على أعضاء مختلفين في المهارات والخبرات والشفافية في تبادل وانتقال المعلومات والاتصالات بينهم وكذلك المسؤولية والالتزام في العمل.

- **العواملُ الإداريةُ والتشجيعُ التنظيميُ:** والذي يتضمن الممارسات الإدارية المختلفة والتشجيع التنظيمي الذي تقدمه المنظمةُ للفرد؛ مثل خوض المخاطرة والتقييم العادل والمشاركة في اتخاذ القرارات وقدرة التنظيم أيضاً في إدخال

التقنية الإدارية الحديثة والتكيف مع واقع الظروف المحيطة والتي ذات تأثير إيجابي على تقديم الأفكار الجديدة والأعمال الإبداعية.

بينما كرَّس آخرون جهودهم ليجمعوا على أن للإبداع والابتكار التنظيمي عوامل أخرى رئيسة (Judith & Hairre, 2004, P. 28) وهي:

- **العواملُ الداخليةُ**: وهي العوامل التي تتعلق بالقدرات المادية والبشرية في المنظمة، والثقافة التنظيمية، والهيكل التنظيمي، والنمط القيادي أو الإداري المستخدم، وحجم المنظمة من حيث انتشار فروعها وتنوع أنشطتها، ودعم الإدارة العليا للإبداع والابتكار، وإذ تُعتبر تلك الجوانب عناصر قوة وضعف والتي بناءً عليها يتم تحقيق العملية الإبداعية والابتكارية في المنظمة، حيث إن ضبط جوانب القوة، واستخدامَها بشكلٍ صحيحٍ، والسيطرة على جوانب الضعف يزيد من فرص القوة وتُشكِّلُ أحد المؤشرات المهمة في بناء العملية الإبداعية والابتكارية في المنظمة.
- **عواملُ خاصة أخرى**: وهي العوامل التي تتعلق بالأمور الشخصية والإدارية والسلوكية الخاصة بالمديرين والعاملين الذين تتوافر لديهم ملكات الإبداع والابتكار، والتي تمثل بمثابة المجددات لعوامل الاتجاه نحو الإبداع والابتكار، وفي هذا الواقع تلعب الثقافة التنظيمية الدور البارز في عملية تفعيل الإبداع والابتكار الذي يكون له تأثير مباشر أو غير مباشر على المحرجات التنظيمية والأداء.

بينما صنَّف المغربيُ (2004، ص346) المقومات والعوامل المؤثرة للإبداع التنظيمي إلى المعوِّقاتُ التنظيميةُ وهي المعوِّقاتُ التي اعتبرها ناتجة عن التنظيم الذي يعمل به الفرد كالأنظمة والقوانين المؤسسية والأهداف والسياسات والإجراءات والهيكل التنظيمي وأسلوب وفلسفة الإداريين ونمط السلطة والنمط القيادي وكذلك نظم الاتصال المستخدمة وغيرها.

أما (Peter Drucker) فقد حدد مجموعة من الدعائم والممارسات الأخرى للإبداع التنظيمي على اعتبار أنها الأعمال أو الممارسات التي يجب على المنظمات تحقيقها وخاصة التي تسعى إلى تحقيق الإبداع. وقد أُطلِقَ على هذه المجموعة من الممارسات (The Do's)، وتتمثل بما يلي (العميان 2005، ص 397):

1. الإبداعُ الهدفيُّ المنظَّمُ الذي يبدأ بتحليل الفرص، من خلال التفكير بمصادر الفرص الإبداعية وبشكل تكاملي.

2. عدمُ الاكتفاء بالتفكير بالمشكلة، وإنّما أيضاً بمقابلة الناس والاستفسار منهم والاستماع إليهم، حيث إن للإبداع جانبين أحدهما مفاهيميٌّ والآخرُ إدراكيٌّ حسيٌّ.

3. أن يكون الإبداعُ فعالاً بسيطاً ومُركَّزاً نحو حاجةٍ مُحدَّدةٍ.

4. الإبداعُ الفعالُ يبدأ صغيراً، بحيثُ لا يتطلبُ الكثيرَ من الأموال والأفراد وغيرها من المصادر الأخرى.

يُستَنتجُ مما سبق أن النشاطات أو العوامل المؤثرة في الإبداع وعلى مختلف مسمياتها تنحصر في مستويين رئيسين: وهما الإبداع على المستوى الفردي, والإبداع على المستوى التنظيمي, وأن النشاطات أو العوامل المؤثرة في الإبداع متنوعة وعديدة كما بيّنتها الدراساتُ وأصحاب الفكر الإداري، ولكن مهما تنوّعت وتعدّدت فإنّه يُلاحظ أنَّ بعض النشاطات أو المؤثِّرات الإبداعية ترتبط بالعوامل الشخصية أو الفردية, أي بالشخص المبدع نفسه أو الطبيعة التي يتميّز بها عن الآخرين، وبما يجب أن يتمتّع به من صفاتٍ وخصائص لتُمكِّنه من أداء عمله بشكل إبداعي، في حين ترتبط بعوامل أخرى: كالعوامل البيئيّة والاجتماعيّة والثقافيّة، وكذلك العوامل التنظيميّة أو الإداريّة وما يجب أن تنتهجه إدارة المنظمة من تطبيق نشاطات أو ممارسات إدارية مختلفة داعمة للإبداع التنظيمي ومؤثرة في نفوس العاملين في التنظيم؛ لحفزهم على الإبداع أو لتنمية قدراتهم وإمكاناتهم الإبداعية. كالمشاركة، والتدريب والتنمية، والثقافة التنظيمية، والاتصال التنظيمي،

والحوافز، والنمط القيادي، والتفويض، وفرق العمل، والتمكين التنظيمي، والتخصص الوظيفي وسوف يتم توضيح كل من هذه النشاطات أو الاستراتيجيات كما يسميها البعض في الفصل التالي من هذا الكتاب.

اسئلة للمراجعة/الفصل الثاني

اولاً: اجب عن الأسئلة التالية:

1- قارن بين العوامل الفردية والتنظيمية المؤثرة في الإبداع.

ثانياً: أكمل الجمل التالية:

1- المقومات الفسيولوجية هي...

2- المقومات القيمية هي...

3- الحدس يعني...

الفصل الثالث

استراتيجيات داعمة للإبداع التنظيمي

The Supportive Strategies for Organizational

Innovation

ويتضمن هذا الفصل المحتويات التالية:

الفصل الثالث
استراتيجيات داعمة للإبداع التنظيمي
The Supportive Strategies for
Organizational Innovation

مقدمة

لقد حظي الإبداع التنظيمي باهتمام واسع في الآونة الأخيرة من قبل الكتاب والباحثين والإداريين ومراكز العلم والبحث وذلك انطلاقا من ازدياد مبدأ التفهم والإدراك فيما يعود به من أثر على تحسين الأداء في المنظمات، الأمر الذي أدى إلى الوقوف بتمحص في هذا الاتجاه وتحليل العوائد التي يمكن أن تحققها المنظمات من خلال استخدام استراتيجيات معينة كأساليب داعمة للإبداع التنظيمي، وفي هذا المبحث سيتم التركيز على بعض النشاطات الداعمة للإبداع التنظيمي على الرغم من تعددها.

حيث توافقت أراء بعض الكتاب والباحثين لمجموعة من الاستراتيجيات أو النشاطات كما سماها البعض التي تعتبر داعمة للإبداع التنظيمي وسنتعرض في هذا الفصل إلى أهمها.

أهم الاستراتيجيات الداعمة للإبداع التنظيمي:

Important supportive Strategies for Organizational Innovation

أولاً: المشاركة: Participation

تعرف المشاركة بأنها إعطاء العاملين الفرصة للدخول في تحاور مع إدارتهم وتوضيح ما يجول لديهم من أمور وظروف تتعلق بطبيعة أعمالهم وواقعهم الوظيفي (Heller etal., 1998, P.15). وتعرف بأنها عملية اشتمال الأفراد وانغماسهم ذهنياً وعاطفياً في العمل بما يشجعهم على المساهمة في أهداف الجماعة ومشاركة

المسؤولية عنها (حريم 2004، ص 236). ويعرفها اللوزي (2003، ص 238) بأنها عملية تفاعل الأفراد عقلياً ووجدانياً مع جماعات العمل في التنظيم وبطريقة تمكن هؤلاء من تعبئة الجهود والطاقات اللازمة لتحقيق الأهداف التنظيمية. ويعرفها دره وآخرون (2004، ص108) بأنها عملية متفق عليها بين الإدارة العليا والعاملين في المؤسسات العامة، تمكن العاملين من التأثير على القرارات الإدارية فيها، وتنجم عنها فوائد ملموسة لهم بشكل خاص، والمؤسسة العامة بشكل عام، وأبرز تلك الفوائد هي ارتفاع الإنتاجية، وتعتبر عملية المشاركة ما بين الرئيس والمرؤوس في مختلف الأمور المتعلقة بالمنظمة كصناعة القرارات ورسم السياسات وصياغة الخطط وغيرها ذات أهمية كبيرة نظراً لمساهمتها في تحقيق الأهداف من خلال تفجير الطاقات والإمكانات الإبداعية والمبادأة، لأن الأفراد العاملون ذات تأثير كبير على واقع العمل والإنتاجية، حيث يعتبروا هم الأكثر معرفة بالمشكلات التي تحيط بالعمل والأكثر معرفة في إيجاد الحلول البديلة، كما يعد إفساح المجال أمام العاملين للمشاركة مع الآخرين وخاصة مع المستويات الإدارية المسئولة مصدراً من مصادر الدعم المعنوي لهم، الأمر الذي يجعلهم يشعرون بقيمتهم وإنسانيتهم، مما يساعدهم ذلك على الاجتهاد أكثر في الأداء وطرح الأفكار التي من شأنها تحسين طرق العمل والحد من المشاكل والصراعات الوظيفية، كذلك فإن للمشاركة أهمية في توفير المزيد من التوافق والانسجام في جو العمل وتوفير أيضاً مناخاً تنظيمياً أفضل، وتساعد الأفراد ببذل المزيد من الطاقات الكامنة لديهم لبلوغ الهدف وذلك انطلاقا من أنهم جزءاً من التنظيم، كما تمنح المشاركة جميع العاملين المسؤولية أمام إدارتهم عن الأهداف المراد تحقيقها، إضافة لذلك تشكل

المشاركة حافزاً معنوياً إيجابياً للعاملين وتعمل على رفع الروح المعنوية وتنمية الانتماء والرضا الوظيفي لديهم تجاه المنظمة التي يعملون بها.

ثانياً: التدريب والتنمية: Training & Development

يعرف التدريب بأنه عملية الحصول على المعرفة والمهارات والقدرات المطلوبة لإنجاز مهـام وظيفية معينة (الطائي وآخرون, 2006، ص. 271). ويعرف درة وآخرون (1988، ص. 19) التـدريب والتنمية معاً على أنهما مصطلحان مترادفان يكملان بعضهما البعض وأن التدريب هـو جـزء لا يتجـزأ من التنمية وهما عبارة عن جهد منظم يقوم على التخطيط وتخصص فرعـي مـن تخصصـات حقل القوى البشرية يهتم بتحديد وتقدير وتطوير الكفاءات الرئيسية للقوى البشرـية كالمعـارف والمهارات والاتجاهات من خلال التعلم المخطط ممـا يساعد الأفراد عـلى أداء وظـائفهم الحاليـة والمستقبلية بفاعلية, وكذلك يعود بالفائدة على الأفراد والجماعات والتنظيمات والمجتمع على حـد سـواء. وعرفـه درة وآخرون (1988، ص. 18) بأنه الجهـد المـنظم والمخطط لـه لتزويـد القـوى البشرـية في المنظمـة بمعارف معينة وتحسين وتطوير مهاراتها وقدراتها وتغيير سلوكها واتجاهاتها بشكل إيجابي بناء.

أهمية التدريب والتنمية

تنطلق أهمية التدريب والتنمية، كونهما يعتبران مدخلاً علمياً يساعدان مـن زيـادة فاعليـة أداء الأفراد ورفع قـدراتهم النوعيـة في مجـالات الاهـتمام والأعـمال اليوميـة والمسـتقبلية، إضـافة إلى رفدهم بالمعلومات والمهارات الوظيفية اللازمة التي تسـاهم في زيـادة قدراتهم لتـنعكس عـلى واقـع أداءهم العملي والعمل بما هو غـير مـألوف لبلـوغ التغيـير والتجـدد والإبـداع. بالإضـافة إلى إحـداث تغييرات إيجابية في سلوك العـاملين واتجاهـاتهم نحـو العمـل وتزويـدهم بالمعرفة الجديـدة وتنميـة قدراتهم وصقل مهاراتهم

والتأثير في تعديل أفكارهم وسلوكياتهم وتطوير العادات والأساليب بما ينسجم مع ثقافة المنظمة التي يعملون بها لتحقيق الإبداع والتفوق في العمل.

ويرى عباس وعلي (2003، ص109 – 110) بأن أهمية التدريب والتنمية لا تنحصر على المستوى الفردي أو العاملين في المنظمة فحسب بل تشتمل على جوانب مختلفة وهي:-

1) الأهمية العائدة على المنظمة: وهي التي يعود فائدتها بشكل مباشر للمنظمة، وتتمثل هذه الفوائد على النحو التالي:

الحد من نقاط الضعف للأداء ومعالجتها سواء أكان ذلك يتعلق بالأداء الحالي أو الأداء المستقبلي المتوقع، مما يؤدي ذلك إلى زيادة مستوى الأداء وتحسين المستوى الإنتاجي في المنظمة بشكل عام.

زيادة مستوى المعرفة والمهارة المتعلقة بالعمل المؤسسي في المستويات والمواقع الإدارية المختلفة في المنظمة.

يساعد التدريب المنظمة من القدرة على اتخاذ القرارات بأكثر عقلانية وفاعلية وحل المشاكل التي تواجهها بنفسها.

يساعد في تجديد وإثراء المنظمة بالمعلومات الضرورية التي تحتاجها لوضع أهدافها وتخطيط سياساتها المستقبلية.

يساعد التدريب في بناء قاعد فاعلة للاتصالات والاستشارات الداخلية للمنظمة.

يساهم في ربط أهداف العاملين بأهداف المنظمة وتحقيق التناغم المتبادل بينهم.

يساعد في تحسين الأنماط القيادية وتعزيز مستوى القرارات الإدارية.

يساعد في خلق اتجاهات إيجابية على المستويين الداخلي والخارجي للمنظمة والعمل على تنميتها نحو تحقيق الهدف.

يساعد العاملين في التعرف على الأهداف التنظيمية مما يؤدي إلى توضيح السياسات العامة للمنظمة.

يساهم في انفتاح المنظمة على المجتمع الخارجي والتعرف على جوانب الضعف والقوة وواقعها التنافسي مع المنظمات الأخرى.

2) الأهمية العائدة على الأفراد والعاملين: وهي التي يعود فائدتها ومنفعتها بشكل مباشر على الأفراد العاملين، وتتمثل هذه الفوائد بما يلي:-

يعمل التدريب على تزويد الأفراد العاملين بمهارات ومعارف جديدة لم تكن موجودة لـديهم من قبل وتمكنهم من القيام بأداء واجباتهم الوظيفية بأكبر قدر من الكفاءة.

يساعد الأفراد العاملين في تطوير قدراتهم في الاتصال والتفاعل البناء الذي يعزز مـن دورهـم في الأداء.

يساعد الأفراد العاملين على اتخاذ القرارات الأكثر دقة وتزيـد مـن قابليتهم ومهـاراتهم في التعامل مع المشاكل الوظيفية وطرق حلها.

يعمل التدريب على تطوير وتعديل سلوكيات الأفراد العاملين بما يتلاءم مع طبيعـة أعـمال منظماتهم وأهدافها التنظيمية.

يساعد التدريب الأفراد العاملين في تنميـة العوامـل الواقعيـة للأداء ويـمنحهم فرص الترقيـة والتطوير والتنافس في العمل.

يعمل التدريب على الحد من فرص الأخطاء للعاملين والتقليل منها.

يعمل التدريب على زيادة ولاء العاملين لمـنظماتهم وإداراتهـا، وبالتـالي يزيـد مـن الالتـزام والانضباط والإخلاص في العمل.

يساعد في تقليل القلق الناجم عن عدم المعرفـة بالعمـل أو قلة المهـارات التـي ينجم عنهـا ضعف الأداء.

يعمل التدريب عـلى تزويـد الأفراد العاملين بالمعلومـات التـي تساعد في تحسـين مهارات القيادة والاتصال لديهم.

3) الأهمية العائدة على تطوير العلاقات الإنسانية: وهي التي يعود فائدتها إلى بناء العلاقات الإنسانية والمتمثلة بالأمور التالية:-

تعزيز وتطوير أساليب التفاعل الاجتماعي بين العاملين.

تحسين قدرات العاملين وتطوير إمكانياتهم لينعكس ذلك على قبولهم للتكيف مع التغيرات الطارئة.

تقوية الصلة والعلاقة ما بين العاملين وإداراتهم.

المساهمة في التنمية والتطوير لعملية التوجيه الذاتي لخدمة المنظمة.

ثالثاً: الثقافة التنظيمية: Organizational Culture

تعرف الثقافة التنظيمية بأنها مجموعة من القيم والاعتقادات والعادات والتقاليد والممارسات التي يشترك بها أفراد المنظمة والتي تم تعليمها للعاملين الجدد وتنتقل من جيل إلى جيل من العاملين في المنظمة (Buchanan, 2004, P.643). ويعرفها القريوتي (2003، ص 151) بأنها عبارة عن الافتراضات والقيم الأساسية التي تطورها جماعة معينة من أجل التكيف والتعامل مع المؤثرات الخارجية والداخلية والتي يتم الاتفاق عليها وعلى ضرورة تعليمها للعاملين الجدد في التنظيم. وتعرفها عباس (Abbas, 2000, P.22) بأنها عملية تشارك أعضاء المنظمة ببعض الأمور العامة داخل التنظيم كالقيم والمبادئ والأخلاق والمعتقدات وتأثرهم بها، بالإضافة إلى بعض الجوانب كالنمط القيادي واتخاذ القرارات وحل الصراعات الوظيفية والمكافآت وعلاقات العمل وطرق التعامل مع العاملين والتفاعل مع بيئتها.

وتقسم الثقافة التنظيمية إلى نوعين هما (Robbins, 1998, P. 598):-

1) الثقافة القوية: وهي الثقافة التي تعتمد على عنصر القوة والشدة وتماسك أفراد المنظمة بالقيم والمعتقدات. كما تعتمد هذه الثقافة على عنصر الإجماع والمشاركة لنفس القيم والمعتقدات التي تسود المنظمة من قبل

العاملين، ويعتمد الإجماع على تعريف العاملين بالقيم السائدة في المنظمة وعلى العوائد والمكافآت والحوافز التي تمنح للعاملين الملتزمين.

يتميز هذا النوع من الثقافة بأن العاملين يكونوا على قدر كاف من المعرفة بما يريدون من القيام به أو تنفيذه.

(2   الثقافة الضعيفة: وهي الثقافة التي يكون فيها الأفراد أو العاملين في المنظمة مبهمين وغير واضحين ويسيرون في طرق غامضة المعالم ويتلقون تعليمات متناقضة، وبالتالي يؤدي ذلك إلى الفشل في اتخاذ القرارات المناسبة لقيم واتجاهات العاملين في المنظمة.

أهمية الثقافة التنظيمية

ينتج عن الثقافة التنظيمية مجموعة من الفوائد والمنافع التي تنعكس على المنظمة، ويمكن إيجازها بالآتي (الصرايرة 2003 ص. 191):

تحقق الثقافة التنظيمية الانسجام والتكامل الداخلي بين المنظمة والبيئة التي تعمل بها.

تحث على الإبداع والابتكار والمخاطرة.

تميز المنظمة عن مثيلاتها سواءً من خلال المخرجات أو المدخلات أو بشعارها أو بسماتها.

تؤثر بشكل مباشر أو غير مباشر عندما تكون معتقدات أو افتراضات يستخدمها المخططون الإستراتيجيون عند بناء إستراتيجياتهم.

تساعد أبعاد الثقافة التنظيمية في تبني عملية التغيير سواء الجزئي أو الكلي مثل إعادة تنظيم المنظمة أو تغيير الحوافز أو الهيكل التنظيمي وغيرها..

ومن جهة أخرى بين كريتنير وكينيكي (Kreinter& Kinicki, 1992, P. 709) وظـائف الثقافـة التنظيمية بما يلي:-

تعطي الأفراد العاملين بالمنظمة هوية منظميه تميزهم عن غـيرهم مـن العـاملين في مـنظمات أخرى.

تعزيز عملية الالتزام الجماعي وتعمل على توثيق العلاقات بين أعضاء الجماعة.

تعزز مستلزمات الاستقرار لنظام المنظمة.

تساعد في تشكيل السلوك الإنساني من خلال مساعدة الأفراد على فهم ما يحيط بهم.

رابعاً: الاتصال التنظيمي: Organizational Communication

يعرف ثومبسون وكاتزباريل(Thompson and Cats-Baril, 2003, P.122) الاتصال التنظيمـي بأنـه عملية المشاركة في المعلومات التي تكون ذات علاقة بالنشاط التنظيمـي بـين شخصين أو بـين وحـدتين منظمتين أو أكثر ويتضمن التشارك في المعلومات عمليات جمع وتحليل ونشر المعلومات.

كما يعرف الاتصال التنظيمي بأنه عملية تدفق المعلومات والتعليمات والتوجيهات والأوامـر والقرارات من جهة الإدارة إلى المرؤوسين وتلقي المعلومات والبيانات الضرورية مـنهم في صـورة تقـارير وأبحاث ومذكرات واقتراحات وشكاوي بهدف اتخاذ قرار معين (المنجي 2004، ص. 141).

ويعرف الاتصال التنظيمي من منطلق آخر على أنه عملية نقل وتبادل المعلومات التي يكون لها معنى بين شخصين على الأقل (Buchanan 2004, P.181). أما تعريف درة وآخرون (1994، ص. 445) للاتصال التنظيمي على أنه الاتصال الذي يتم اعتماده من قبل المدير لتطوير نظام يـتم بموجبـه إعطـاء المعلومات وتفسيرها للمجموعات والأفراد سواء داخل التنظيم أو خارجه.

أشكال الاتصال التنظيمي

يقسم الاتصال التنظيمي إلى أشكال مختلفة وهي على النحو التالي (القريوتي, 2003، ص218-220).

1) **<u>الاتصال التنازلي أو العمودي</u>**: وهو الاتصال الذي يتم من خلاله تدفق المعلومات من مستوى أعلى في المنظمة إلى الموظفين في مستوى أدنى، أي من المدير أو الرئيس إلى الموظفين الذي يتبعون له، وتتدفق المعلومات من سلطة أعلى إلى سلطة أدنى عبر المستويات الإدارية حتى تصل أو تنتهي بالمستويات الإدارية الدنيا والتي تقوم بدورها بإرسالها للموظفين التابعين لها مباشرة.

وفي هذا الشكل من الاتصالات يكون المدير هو المحور المركزي في اتخاذ كافة القرارات كونه يسيطر على كافة قنوات المعلومات الصادرة منه وإليه، وهذا قد يؤدي إلى حصول التنافس بين العاملين في محاولات التقرب منه لمصالحهم الخاصة على حساب مصالح الآخرين.

وتكتمن مساوئ وعيوب هذا الشكل من الاتصال في انخفاض الروح المعنوية لدى العاملين لأنهم لا يشعرون بأي دور إيجابي لهم مما يؤدي بهم إلى المزيد من الكبت وعدم المبالاة لما يحدث في داخل التنظيم، وبالتالي يؤثر سلبياً على إنجازهم وأداءهم الوظيفي والإبداعي.

وتتمثل التطبيقات على هذا النوع من الاتصال بالإجراءات والأوامر والتعليمات والإرشادات والسياسات والخطط والبرامج الجديدة والتدريب.

2) **<u>الاتصال العمودي أو التصاعدي</u>**: وهو الاتصال الذي يأتي من قبل العاملون في المستويات الأمامية إلى الإدارات في المستويات العليا وذلك بهدف نقل وتوضيح أفكارهم وما يحيط بهم من مشاكل حتى تتمكن لتلك الإدارات القيادية من اتخاذ القرار ورسم السياسات بشكل صحيح لأنه لا يمكن للقيادات الإدارية أن تتخذ القرارات السليمة دون التعرف على أراء ووجهات نظر العاملين بمختلف المستويات الإدارية.

وتتمثل التطبيقات على هذا الشكل من الاتصال الاجتماعات المشتركة بين الإدارة والعاملين التي تتيح الفرصة للعاملين من عرض اقتراحاتهم وآراءهم، والتقارير التي يرفعها العاملون للإدارة، وصناديق الاقتراحات والشكاوي، واللقاءات في المناسبات المختلفة.

3) **الاتصال الأفقي:** وهو الاتصال الذي يتم من خلاله تبادل المعلومات بين العاملين في مختلف المستويات الإدارية بحرية حسب حاجة العمل ومتطلباته. ويتميز هذا النوع من الاتصال بالديمقراطية التي تبنى على وجود قنوات مقننة مفتوحة بين المستويات الإدارية المختلفة. يتميز هذا النوع من الاتصال عن غيره كونه يصعب تطبيقه في التخطيطات الإدارية الكبيرة.

4) **الاتصال الشبكي**: وهو الذي تكون فيه قنوات الاتصال مفتوحة مع كل الأطراف وكل المستويات الإدارية المختلفة في المنظمة، وذلك إبتداءً بالرئيس وإنتهاءً بالمرؤوس وبالعكس.

5) **الاتصال التنظيمي بالبيئة الخارجية**: وهو الاتصال الذي يتم بين التنظيم والبيئة الخارجية، وتتمثل عناصر البيئة الخارجية بالزبائن، والمجهزين، والمنافسين، والموردين، وأفراد المجتمع كافة، ويتم الاتصال عادة مع الزبائن من خلال الدعاية والإعلان وبرامج العلاقات العامة والتقارير السنوية (درة, 2002. ص383).

أهمية الاتصال التنظيمي

يعتبر الاتصال التنظيمي من الضرورات الملحة لأي منظمة لأنه بدون الاتصال يصعب على العاملين معرفة توجه إدارتهم والأهداف التنظيمية التي تطمح المنظمة من الوصول إليها, وكذلك يصعب على الإدارات أيضا من فهم توجهات العاملين واحتواءهم. ومن جانب آخر فإن الاتصال الفعال يؤدي إلى رفع مستوى أداء العاملين وزيادة مستوى الرضا لديهم عن العمل. فالعامل يمكن أن يتفهم واقع عمله بشكل أفضل ويشعر بقيمة أكبر ويؤدي أيضا إلى فهم أدوار الآخرين، مما يشجع ذلك العاملين والإدارات على التعاون والتنسيق، وبالتالي يشجع أيضا العاملين إلى بذل المزيد من الأداء وتفجير طاقاتهم الإبداعية.

خامساً: الحوافز: Incentives

يعرف الطائي والفضل (2006، ص. 405) الحوافز بأنها مجموعة من العوامل والأساليب التي تستخدمها منظمة ما للتأثير في سلوك الأفراد والعاملين لديها، مما يجعلهم يبذلون المزيد من الجهد والاهتمام بعملهم وأدائهم كماً ونوعاً، مما يؤدي إلى زيادة الإنتاج ورفع الروح المعنوية عند الأفراد والعاملين وإشباع حاجاتهم وتعزيز قدراتهم الإبداعية.

وتعرف الحوافز بأنها عبارة عن محركات خارجية للفرد تعمل على إثارة الحاجة وتقوية إلحاحها (المغربي، 2004، ص. 120). ويعرفها جواد (2000، ص. 310) بأنها التأثيرات المقوية التي تطيل بقاء السلوك المرغوب سائداً مع الآخرين. فيما عرف القريوتي (2003، ص. 36) الحوافز على أنها عبارة عن أنشطة أو سياسات تستخدمها الإدارات كأساليب تحفيزية لموظفيها لتشجيعهم على تحقيق شيء معين كالإبداع والابتكار والفوز أو الأداء الأفضل، وتكون تلك المحفزات أما مادية أو معنوية.

أنواع الحوافز

تصنف الحوافز إلى صنفين هما الحوافز الإيجابية والحوافز السلبية وهي على النحو التالي (ربايعة:2003، ص 78):

1) **الحوافز الإيجابية**: وهي الحوافز التي تستخدم كنشاطات أو ممارسات إدارية تهدف إلى تنمية الإبداع والتجديد وتقسم إلى:

الحوافز المادية: وهي التي تعتمد على المنح المادية كالنقود أو التقاسم في الأرباح، وزيادة الأجر، والمكافآت.

الحوافز المعنوية: وهي الحوافز التي تتجاوز النواحي المادية وتشمل على احترام العاملين والاعتراف بجهودهم، وشهادات الشكر والتقدير، والترقية

والترفيع، والمشاركة في مناقشة السياسات وصنع القرار ووضع الأهداف والبرامج المراد تنفيذها، وتفويض الصلاحيات.

2) **الحوافز السلبية**: وهي الممارسات التي تستخدمها الإدارات لردع الأفراد المهملين في أدائهم الوظيفي أو المخالفين لأنظمة وقوانين العمل, وتنقسم إلى:-

الحوافز المادية: وتتمثل بحسم في الراتب، وتنزيل درجة الموظف، والتوقيف عن العمل لفترة مؤقتة.

الحوافز المعنوية: توجيه الإنذارات ولفت النظر والتنبيه، والحرمان من المشاركة وكذلك الحرمان من نشر أسماء الأفراد على لوحة الشرف والتكريم.

سادساً: النمط القيادي: Leadership Model

يعرف كوتر (Kotter, 1990, P.103) النمط القيادي على أنه درجة السلوك (الرسمي/ الإنساني) والتصرف القيادي لشخصية المدير في ممارسته للقوة والنفوذ على مرؤوسيه في المنظمة، مما قد ينعكس ذلك على مدى تفاعل المرؤوسين واستجابتهم لذلك النمط القيادي وعلى مدى أداء العمليات الإدارية. ويعرفها العساف (1999، ص. 177) بأنها النشاط الذي يمارسه القائد ليمكن مرؤوسيه من القيام بعملهم بفاعلية. وتعرف من قبل ايفانسيفتش وماتسون (Ivancevich & Mattson, 1990, P. 387) بأنها محاولة التأثير في نشاطات التابعين من خلال عملية الاتصال من أجل تحقيق الهدف.

الأساليب القيادية

تختلف أساليب القيادة عن بعضها البعض، ويمكن التمييز بينها من خلال العرض الآتي:-

1. **الأسلوب الديكتاتوري أو الأوتوقراطي في القيادة**: وهو الأسلوب الذي يعتمد فيه القائد على عمل وصناعة قراراته بنفسه وتعميمها على العاملين لتنفيذها.

حيث يتميز هذا الأسلوب من خلال أسلوب القائد الديكتاتوري ومركزية السلطة التي ينتهجها، ويعتمد على إنجاز أعماله من خلال أساليب فظة كالتهديد والإجبار والتخويف ومبدأ الثواب والعقاب الموجه للمرؤوسين. الأمر الذي يجعل المرؤوسين يسلكوا سلوكا معيناً من أجل أن يتلاشوا العقاب ولكسب رضا قائدهم. (Bateman & Zeithaml, 1990, P.758).

2. **الأسلوب الديمقراطي أو ألتشاوري في القيادة:** وهو الأسلوب الذي يعتمد فيه القائد على مشاورة العاملين وأخذ المدخلات منهم.

حيث يعمل مبدأ هذا الأسلوب على وجه معاكس ونقيض تام من القيادة الديكتاتورية، حيث أن القائد في ظل هذا النمط القيادي لا يصدر الأوامر إلا بعد مناقشة الوضع والأمور المراد بحثها مع أصحاب العلاقة والأطراف المعنية وغالباً ما تتم القيادة هنا من خلال الترغيب بدلاً من الترهيب. ومن خلال الاعتماد على المشاركة والتشاور وليس الإنفراد في إصدار الأوامر والقرارات فالقائد في ظل هذه القيادة يستخدم أسلوب التشاور والمشاركة في عملية اتخاذ القرارات. وكذلك لا يعتمد القائد في هذا الأسلوب على عملية الرقابة الشديدة للمرؤوسين بل يعتمد على مبدأ الثقة المطلقة وتحمل المسؤولية المشتركة وتنمية روح التعاون بين العاملين (Batman & Zeithaml, 1990 P.760).

3. **الأسلوب القيادي المتساهل أو عدم المتدخل:**

حيث يختلف هذا الأسلوب عن غيره من خلال عدم التدخل في مجريات الأمور الإدارية في العمل سواءاً التوجيهية أو الرقابية أو غيرها، بل يعتمد هذا النوع من القيادة على اللامبالاة من قبل القائد تجاه المنظمة ويعتمد على ترك الأمور والحرية الكاملة والمطلقة للمرؤوسين والاعتماد عليهم في وضع وتحديد أهدافهم واتخاذ القرارات ذات العلاقة بأعمالهم بأنفسهم.

4. **أسلوب القيادة التبادلية (Transactional Leadership)**

وهي القيادة التي يقوم من خلالها المدير بعقد المبادرات والاتفاقيات مع المرؤوسين بهدف تبادل شيء له قيمة ومردود للطرفين، أي أن أساس هذا النمط من القيادة هو الصفقات التي تعقد بين الرئيس والمرؤوس والنتائج أو العوائد المترتبة على تلك الصفقات حال تحقيق طموح المدير المنشودة والأهداف المتفق عليها (Buchanan & Huezynski, 2004, P.741).

5. **أسلوب القيادة التحويلية (Transformational Leadership)**

وهي أحد أساليب القيادة الذكية التي يعتمد فيها القائد على الأسلوب المؤثر للعاملين من خلال الإلهام ومبادلة العاملين بالرأي والفكر والتشاور وطرح الأفكار ومناقشتها معهم بشكل ودي، ويزودهم بالأفكار الجديدة من منطلق دافعه الذاتي، وكذلك يمنحهم الثقة والأمان من خلال تواصله المستمر ومواصلة حثهم على إعطاء المزيد من الإنجاز والإبداع غير المألوف لتحقيق أهداف المنظمة التي هي مكملة لأهدافهم (Buchanan & Huczynski, 2004, P.741) ، (جواد:2000، ص307).

سابعاً: التفويض: Delegation

يعرف التفويض بأنه عملية نقل ومنح بعض اختصاصات الرئيس إلى المرؤوسين للقيام ببعض المهام المنظمة مع إبقاء المسؤولية قائمة على الطرفين (اللوزي:2007، ص38). ويعرفه باتمان وزيثمال (Bateman & Zeithmal, 1990, P.406) بأنه عملية منح مسؤوليات جديدة أو إضافية للمرؤوسين. ويعرفه نارين (Narain, 1997, P.9) في قاموس المصطلحات والمفاهيم الإدارية بأنه عملية العلاقة بين الرئيس والمرؤوس داخل المنظمة وما يترتب عليها من منح الرئيس للمرؤوسين في تعليمات وصلاحيات ليتمكن المرؤوس من القيام بإنجاز المهام والأهداف المحددة.

فوائد التفويض

يحقق التفويض للمنظمة أثار إيجابية مختلفة تنعكس على الأداء الوظيفي والإنجاز، وتتمثل هذه الآثار بتحقيق الفوائد التالية (اللوزي:2003، ص146):

منح الفرصة الكاملة للرئيس الأعلى للقيام بمهامه الأساسية.

إتاحة الفرصة للإبداع والابتكار.

تخفيض التكاليف المادية والمعنوية واكتساب الوقت.

تنمية المرؤوسين وإعدادهم لتحمل المسؤولية.

تقوية العلاقات الإنسانية بين أعضاء التنظيم الإداري.

ثامناً: فرق العمل: Team Work

تعرف فرق العمل بأنها عبارة عن مجموعة من العاملين الـذين يعملـون معـاً لتحقيق أهداف عامة في المنظمة (Paulus, 2000, P.238). ويعرف آرثر بل (2003، ص16) فرق العمل بأنها مجموعة من الأشخاص الـذين يتعـاونوا فيمـا بينهـم وكذلك يتفـاعلوا لتحقيـق الهـدف المرجـو. ويعرفها سورج (Sorge, 2002, P.403) بأنها عبارة عن شخصين أو أكثر يعملان معاً وجهاً لوجـه بحيـث يشعر كل منهم بأنه عضو من مجموعة تسعى لتحقيق الأهداف التي كلفوا بها.

ويهدف تكوين فرق العمل في التنظيم إلى تحقيق العديد مـن الأهـداف، وفيما يـلي أبرزهـا (Chandan, 2005, P.226):

توفير البيئة الصحيحة والمناخ التنظيمي المناسب.

غرس المسؤولية المشتركة والرقابة الذاتية.

تطبيق عملية التفويض للآخرين بطريقة أكثر فعالية.

الالتزام بتحقيق الأهداف التنظيمية.

التخطيط المشترك لمواجهة المخاطر والمشاكل ومعالجتها قبل وقوعها.

توخي الدقة والشمولية في دراسة المشاكل التي تواجه التنظيم واتخاذ القرارات الأكثر فعاليـة وعقلانية.

تقوية نظام الاتصالات بين العاملين.

تحسين مهارات الأفراد وتطوير قدراتهم.

أشكال فرق العمل

تتعدد أشكال فرق العمل على النحو التالي (Torrington, 1998, P.337):

فرق الإدارة الذاتية: وهي الفرق التي تمتلك كافة الصلاحيات لأن تـدير نفسـها بنفسـها دون تدخل الآخرين بها، ويكون من حقها في الاختيار والتعيين والتدريب للعاملين وتحديـد المـوارد اللازمة.

فـرق متعـددة الوظـائف: وهـي الفـرق التـي يتم تكوينهـا مـن مختلـف الـدوائر والوحـدات التنظيمية بحيث يكون كل فرد متخصص في مجـال مختلـف عـن الآخـر وذلـك بهـدف إثـراء الفريق كلاً حسب تخصصه.

الفرق الوظيفية: وهي الفرق التي يتم تكوينها للعمل في دراسة واجبات وظيفية معينة وتكون محددة مسبقاً.

فرق الإدارة العليا: وهي الفرق التي تتكون من مختلف المستويات الإدارية العليـا (المـديرين) الذين يعملون في التنظيم، ويتميز هذا الفريق بديمومة تشكيلية وعدم وجود فترة معينة لحله أو يرتبط تشكيله بوجود مشكلة ما، وذلك نظراً لخبرات أعضاءه في التنظيم.

فرق حل المشكلات: وهي الفرق التي تتشكل بسبب وجود مشـاكل معينـة في التنظيم، حيـث يتم تشكيل فريق لحل مثل تلك المشاكل.

تاسعاً: التمكين التنظيمي: Organizational Empowerment

يعرف التمكين الإداري بأنه أحد الأساليب المستخدمة في التنظيم بهدف زيادة واقعية العاملين بشكل فعلي وجوهري (Robbins, 1993, P.682) ويعرفه ملحم (2006، ص.6) نقلاً عن (Zemke and Schaaf, 1989) بأنه عملية تحرير الإنسان من القيود، وتشجيع الفرد وتحفيزه ومكافأته على ممارسة روح المبادرة والإبداع. ويعرف أفندي (2003، ص.11) التمكين بأنه عملية نقل السلطات الكافية للعاملين لكي يتمكنوا من أداء المهام الموكلة إليهم بحرية دون تدخل مباشر من الإدارة، مع دعم قدراتهم ومهاراتهم من خلال توفير الموارد الكافية ومناخ ملائم، وتأهيلهم فنياً وسلوكياً والثقة فيهم وقياس الأداء بناء على أهداف واضحة.

فوائد التمكين التنظيمي

يحقق التمكين التنظيمي الفوائد التالية (ملحم, 2006، ص. 120):

1. **فوائد خاصة بالعاملين، وتتمثل بما يلي:-**

زيادة الانتماء للمهام التي يقوم بها وللمنظمة.

رفع مستوى أداء العاملين.

اكتساب المعرفة والمهارة.

المحافظة على الموظفين من التسرب والهجرة.

شعور الموظف بمعنى الوظيفة وتحقيق الرضا الوظيفي.

2. **فوائد خاصة بالمنظمة وتتمثل بما يلي:**

زيادة فرص الإبداع والابتكار.

زيادة ولاء العاملين للمنظمة.

تحسين مستوى الإنتاجية الكمية والنوعية.

مساعدة المنظمة في برامج التطوير والتجديد.

تحقيق نتائج أداء أفضل من حيث جودة الأداء.

تحسين العلاقة بين العاملين.

3. **فوائد خاصة بالزبائن وتتمثل بما يلي:**

السرعة في إنجاز معاملات الزبائن وتلبية متطلباتهم.

كسب ولاء العميل وسمعة الأعمال.

إقدام العاملين على إبداء أفكار عملية أكثر لتحسين الخدمة أفضل من المديرين الذين لديهم تعامل أقل مع الزبائن.

الانفتاح المباشر والثقة بين العاملين والزبائن من خلال الاستفادة من توجيهات الزبائن وآرائهم حول مستوى جودة السلعة أو الخدمة المقدمة.

كما يمكن أن نضيف بعض الفوائد الأخرى التي تعود على القيادة أو على المديرين في التنظيم من خلال التمكين الإداري والتي تتمثل بتفرغ المدير للشؤون الإدارية المهمة، واستثمار رأس المال البشري كونه من أحد الموارد المهمة التي تكلف المنظمة مصاريف باهظة كالأجور والرواتب والتأمين وغيرها.

عاشراً: التخصص الوظيفي: Job Specialization

أولت الإدارات منذ القدم زيادة الأداء والإنتاجية اهتماما ملحوظاً، وكان رواد المدرسة التقليدية في الإدارة بشكل عام وحركة الإدارة العلمية بشكل خاص قد ركزوا على مبدأ التخصص الوظيفي وتقسيم العمل في محاولة منهم لتحقيق أفضل الأداء وأقصى الطاقات الإنتاجية للعاملين من خلال دراسة عنصري الزمن والحركة وإيجاد طريقة واحدة مثلى لتحقيق العائد الأفضل والإنتاج الأمر الذي يعتبر من أوائل المحاولات بالمناداة للتخصصية وتقسيم العمل وتحليل أساليبه لتحقيق الأداء الأفضل للعاملين ولتحقيق الأرباح لأصحاب الأعمال والمستثمرين. وهذا ما أكده برايس (J.L. Price) في بعض فرضياته التي لخص فيها التراث الإداري حتى نهاية الستينات من خلال مصادر الفاعلية الإدارية والتنظيمية على أن المنظمات التي لديها درجة عالية من التخصص الوظيفي وتقسيم العمل على الأرجح تكون لها

درجة عالية من الفاعلية أكثر من المنظمات التي لـديها درجـة أقل مـن التخصصية وتقسـيم العمـل (عبود, 2002، ص143).

ويعرف البعض التخصص الوظيفي على أنه عملية إنشاء وتصميم وحدات للقيام بالنشاطات المتخصصة التي تتمتع ببيئة تشغيلية ملائمة للمراحـل المختلفـة مـن العمليـة الإبداعيـة مثل إنشـاء وحـدات البحـث والتطـوير أو جماعـات التخطـيط (العميـان, 2005، ص400). ويعـرف في معجـم مصطلحات العلوم الإدارية الموحدة للعلاق (1983، ص239) بأنه عملية التخصص في أداء عمـل معـين أو وظيفة معينة. وعرف التخصص الوظيفي بأنه هو عملية تخصص الأفراد ومـزاولتهم لأداء عمـل أو وظيفة معينة دون غيرها مما يؤدي إلى تثبيت المعارف والمهـارات ورفع مستوى كفـاءة العامـل إلى المستوى المطلوب (بدوي 1984، ص372).

إحدى عشر: الهيكل التنظيمي: Organizational Structure

وهو الخارطة أو الإطار الذي يوضح تركيبـة أو تكـوين كافـة المسـتويات الإداريـة والفنيـة (الإدارة العليا والوسطى والدنيا) في المنظمة من حيث التقسيمات والتبعية والعلاقة لتجنب ازدواجيـة الأداء وتشتت الأعمال، وليساهم في تقوية العلاقات وتحديد المهام والمسـؤوليات حسب الاختصاص. حيث يلعب الهيكل التنظيمي دور فاعل ومؤثر في عملية دعم الإبداع لدى كافة المستويات الوظيفيـة كونه يساعدهم في وضوح المهام وتبسـيطها وممارسـة المهـام التي تنسجم مـع مهـارات وتخصصات المستويات الإدارية المختلفة (Decanio, etal,2000:1285). وللمزيد من الجوانب الايجابية التي يحققها الهيكل التنظيمي في دعم الإبداع سوف يتم تناوله لاحقاً بشـكل أوسع في هـذا الكتـاب مـن خلال تخصيص له فصلاً خاصاً.

اثني عشر: تبني نموذج الإدارة بالأهداف:

Management by Objectives Adoption

وهي الإدارة التي تقوم بتحديد غاياتها ونتاجها بدقة ووضوح وتعميمها على كافة المستويات الإدارية في المنظمة مع ضرورة مراعاة توفر كل الموارد وعناصر الإنتاج الكفؤة للتمكن من تحقيق الغاية أو الهدف حسب المطلوب. وتعود الإدارة بالأهداف إلى صاحب الفكر الأمريكي بيتر دركر (Peter Drucker) الذي ركز على أهمية هذا الأسلوب من خلال كتاب تحت اسم ممارسة الإدارة (The practice of management) الذي نشره عام 1954 نظراً لاحتوائها على المرتكزات التالية:

1. تحديد أهداف المنظمة بدقة ووضوح وواقعية وتعميمها على كافة المستويات الإدارية العاملة في المنظمة.

2. تشاركيه العمل ووضع الأهداف ما بين الرئيس والمرؤوس

3. تحديد فترة زمنية معينة للوصول إلى الهدف.

4. تحديد وتخصيص الموارد المستخدمة، وتحديد مجالات المسؤولية الرئيسية لكل عضو في التنظيم في ضوء النتائج المتوقع تحقيقها.

5. تحديد المعيار للأداء للتأكد من إمكانية قياسه.

6. التقويم وذلك بهدف التأكد من مستويات السير في تنفيذ الأهداف التي وضعت بهدف كشف جوانب الضعف وتصحيحها من خلال الأساليب الإدارية المختلفة كتدريب العاملين أو استبدالهم، وكشف جوانب القوة وتعزيزها من خلال استخدام أساليب إدارية مختلفة كالحوافز والمكافأة وغيرها.

7. تحقيق الأهداف، وهي المرحلة التي يتم فيها استلام النتائج والإعلان عنها، حيث يفترض في هذه المرحلة أن يتم تحقيق الأهداف بمستوى عالي من الدقة والايجابية كون هذا الأسلوب من الإدارة يخضع إلى مراحل ومتابعة متسلسلة لمجريات الأمور وسير عمليات التنفيذ. كما يتم في هذا المرحلة الاستفادة من

كل العمليات التي مرت بها ليتم تفاديها في الأعمال والخطط المستقبلية أو في حال وضع أهداف جديدة.

إذن نستنتج من هذه المرتكزات بأن الإدارة بالأهداف تساهم في تفعيل دور كل عضو في التنظيم للمساهمة في تحقيق الأهداف وغرس فيهم مبدأ المسؤولية الذاتية، وتعزز مبدأ الثقة والاحترام بين الرئيس والمرؤوس، وتساعد في تحفيز العمل الفردي وتركيز كل فرد على المهام والمسؤوليات المناطه به مما يؤدي إلى تكثيف التركيز على الأداء وتحقيق فرص أكثر في الإبداع والتفوق في الانجاز.

ثلاثة عشر: العصف الذهني: Brain Storming

يعتبر العصف الذهني احد أهم النشاطات والدعائم لخلق الأفكار الإبداعية وتدفقها لأنه يعتمد على أسلوب الإثارة والمحاكاة بين مجموعة من الأفراد عن طريق طرح مشكلة معينة والبدء باستقبال أو استعراض الحلول المقترحة من قبل تلك الجماعة لحل هذه المشكلة شريطة أن تتصف حلقة النقاش بين المجموعة بما يلي:

1- أن يطرح كل واحد في المجموعة ما لدية من أفكار ومقترحات وحلول دون تحفظ أو خجل، لان هدف اجتماع المجموعة هو إيجاد وتدفق العديد من الأفكار بغض النظر عن قيمتها أو ما تحققه من حلول للمشكلة.

2- أن لا يسمح لأي عضو في المجموعة أن ينتقد الآخر، بل ويجب أن يضيف ويأتي بمعلومات أخرى إلى جانب المعلومات التي يقدمها الآخرون دون توجيه الانتقاد لأي طرف من الأطراف.

3- تشجيع أي فكرة حتى ولو كانت خيالية أو تتعارض مع الموضوع.

4- أن يتم تشجيع أعضاء المجموعة على ضخ اكبر قدر ممكن من المعلومات أو الأفكار أو الاقتراحات، بحيث لا يقتصر عرض الاقتراحات على الجانب النوعي فقط .

5- التركيز على نتيجة الأفكار المطروحة وعمل توليفات أو تحسينات عليها، بحيث يتم ربط بعض الأفكار التي تتشابه مع بعضها البعض والعمل على

تطويرها من خلال أفكار الآخرين التي يمكن الحصول عليها عن طريق طرح أسئلة إضافية بأسلوب آخر للوصول إلى المعلومة المستهدفة .

ويعود أسلوب العصف الذهني إلى صاحب الفكر الأمريكي اوسبرن (Alex Osborn) الـذي يعتبر أول من استخدم هذا الأسلوب للحصول على أفكار إبداعية في حل بعض المشاكل والخروج عـن أحادية الجانب في الرأي للوصول إلى أفكار أكثر حداثة وأكثر مرونة (القطامين، 2002: 77).

اسئلة للمراجعة/ الفصل الثالث

اولاً: اجب عن الأسئلة التالية

1- اذكر سبعه من الاستراتيجيات أو النشاطات الداعمة للإبداع التنظيمي مع الشرح.

2- اذكر المنافع التي تحققها الثقافة التنظيمية.

3- اذكر مع الشرح أشكال الاتصال التنظيمي.

4- اذكر فوائد التفويض.

5- اذكر مع الشرح الفوائد التي يحققها التمكين الإداري.

6- ماذا تعرف عن نموذج الإدارة بالأهداف.

ثانياً: أكمل الجمل التالية:

1- الثقافة التنظيمية هي..

2- الاتصال التنظيمي هو..

3- القيادة التبادلية تعني..

4- القيادة التحويلية تعني..

5- التمكين الإداري هو..

6- العصف الذهني هو..

الفصل الرابع

التفكير الإبداعي

Innovational Thinking

ويتضمن هذا الفصل المحتويات التالية:

تعريف التفكير الإبداعي

الإبداع الفكري والتفكير الإبداعي والفارق بينهما

العلاقة بين الإبداع والتفكير

مصادر الأفكار الإبداعية

أنواع التفكير

أساليب التفكير

أنواع التفكير الإبداعي

خطوات التفكير الإبداعي

تنمية التفكير الإبداعي

الفصل الرابع
التفكير الإبداعي
Innovational Thinking

مقدمة

يشكل التفكير أحد أهم اللبنات الأساسية في خلق الإبداع لأن الإبداع ما هـو إلا نتـاج الفكـر التي تتمحور حول موضوع معين، ومنها يتشكل ما يسمى باالمحاكاة الذاتية، أي محاكـاة وهـي نفسـها التفكير الذي ينبثق عن أمـا افكـاراً أو اسـاليباً أو طرقـاً أو سـلوكيات جديـدة مـا هـي إلا نتـاج الفكـر الإبداعي التي تكمن في الذات البشرية التي خلقهـا الله سـبحانه وتعـالى وتعـيش مـع وجـودهم، عـلى الرغم من مستويات التفاوت في التفكير عن الآخر نتيجة أسـباب يعـود مفادهـا إلى القـدرات العقليـة والتركيبية الفسيولوجية والقوى الصحية واختلاف الأعمار بالإضافة إلى الحاجات التي تدفع شخص عـن آخر بالتركيز على التفكير بموضوع أكثر من الموضوع الآخر مثل تفكير الشخص العاقل يختلف عـن غـير العاقل وتفكير الذكور يختلف عن تفكير الإنـاث أو تفكـير القـوي أو السـوي يختلـف عـن تفكـير غـير السوي أو الضعيف، وتفكير الكبير يختلف عن تفكير الصغير، وتفكير الغني يختلف عـن تفكـير الفقـير من حيث أولوية الحاجة لكل منهم. والإنسان يلجأ إلى التفكير بغض النظر عن مستوياته المختلفة مـن اجل تفسير الكثير من الحقائق والأحداث التـي تجـول في ذهنـه نتيجـة مـا يحـيط بـه مـن المـؤثرات والوقائع الحياتية المتغيرة.

تعريف التفكير الإبداعي: Innovational Thinking Definition

أعتقد انه بات واضحاً لدى القارئ مفهوم التفكير بعد أن استعرضنا في مقدمة الفصـل بعضـاً من جوانبه. حيث يمكن تعريفه أي التفكير بالتخيـل أو السرحان أو محاكـاة الـذات، ولكننـا يمكـن أن نجمل ونتفق على أن التفكير

بمعناه العام يعني العمليات الذهنية التي يمارسها الكائن البشري من اجل الوصول إلى قـرار أو هـدف معين في موضوع ما.

أما الإبداع كما وضحناه سابقاً بأنه القدرة على الإتيـان بطرق وأسـاليب وأفكار وسـلوكيات جديدة لم يأتي بها شخص آخر.

أما التفكير الإبداعي فهو نتاج العمليات أو الممارسات الذهنية التي يحققها الإنسـان بشكل متميز عن الآخر كأن يأتي بأفكار أو حلول أو طرق أو أساليب أو سلوكيات جديدة لا مثيل لها.

الإبداع الفكري والتفكير الإبداعي والفارق بينهما:

The Difference Between Intelectual Innovation & Innovational Thinking

في الحقيقة ليس هناك فرق بينهما لأنهما عبارة عن مصطلحان مترادفـان يعطيـان نفس المعنى والمفهوم ويتفقان في نفس الهدف السامي وهو مـا يخطوه الإنسان المبدع ليأتي بأشياء ذات قيمه وليكون نتاجه التفكيري عبارة عـن تـدفق شيء مـن الأفكار أو الحلـول أو الإضـافات الجديدة المتميزة والتي تعكس المنفعة والتميز للجهات التي تطبقها أو تتبناها (خير الله 2008: 117) .

العلاقة بين الإبداع والتفكير :

The Relevance Between Innovation and Thinking

تكمن العلاقة بين الإبداع والتفكير بالعلاقـة الوثيقـة أو اللصـيقة أو الجسـدية ، أي كـما هـو الجسد الواحد كما قال رسول الله صلى الله عليه وسلم "إذا اشتكى منه عضواً تـداعى لـه سـائر الأعضـاء بالسهر والحمى "، والإبداع كذلك لا يمكن أن يكون بدون تفكير لأن الإبداع يتولد من التفكير والتفكير، ما هو إلا ومضات ورؤيا داخلية في ذات الإنسان تستلزم منه شيئاً من الإبداع والمهارة في محاكاة الذات وتشغيل الذكاء عند البدء في العملية التفكيرية مستنداً في ذلك

على خزينه الفكري والمعرفي والخبرات للوصول إلى ما يسمى بالإبداع. وعملية التفكير عبارة عن أحداث غير ملموسة تدور في الدماغ بهدف إجراء عملية المعالجة العقلية للبيانات المتعلقة بموضوع ما من أجل الوصول إلى نتيجة معينه ولحل المشكلات والتحكم بالانفعالات. ويؤكد خير الله (2008: 24) أن علاقة الإبداع بالتفكير هو أن الإبداع نتاج معالجات التفكير للأشياء والأحداث عن طريق المفاهيم والكلمات والصور والرموز العقلية، وأن للتفكير مفاهيم ودلالات متعددة منها الحكم أو الاعتقاد أو التوقع أو القصد والنية أو الاستدلال أو التذكر والاسترجاع أو اتخاذ قرار في مسألة معينه أو التخيل والإبداع.

ابتداع الأفكار: Recreate of Ideas

يمكن تعريف ابتداع الأفكار بأنها عبارة عن نشاط إرادي ومنتظم يقوم به الفرد بهدف الحصول على أفكار معينه تساعده في تحقيق شيء من التميز والتفرد .

ولا ينحصر ممارستها على فئة معينه من الناس، أي ليست حكراً على العباقرة أو الأذكياء أو الخبراء أو المتعلمين أو الأغنياء أو غيرهم، بل هي علم وفن في نفس الوقت كما هي الإدارة، أي أنها علم تستند إلى العلوم المختلفة التي يتخصص بها الأفراد عن غيرهم والاستفادة من القواعد والنظريات والأسس التي تضبط عملية التفكير وتمنح كل مفكر على حده شيئاً مختلفاً في التفكير بما ينسجم مع التخصص والكفاءة والقدرة العقلية، لأن ابتداع الأفكار الفضائية يحتاج إلى علم وتخصص ومعرفة شاملة في قواعد ونظريات وقوانين علم الفضاء. أما اعتبار ابتداع الأفكار فن فأن هذا يشكل جانباً مهماً حتى تكتمل وتنجح عملية ابتداع الأفكار بكفاءة وفعالية, كيف يكون ذلك؟ فالجواب هو يكون ذلك من خلال وجود الموهبة الشخصية, والقدرة على استثمار الموارد العقلية والفكرية والمعرفية والتكنولوجية والمالية وغيرها, والقدرة على محاكاة الذات وعرض المواضيع التي تتماشى مع قدرات الفرد العقلية, والقدرة على التحليل واستنباط الأفكار القيمة

والجديدة, والقدرة على ابتداع الأفكار وتوليدها من خلال الآخرين أو ما يسمى بالعصف الـذهني, بالإضافة إلى فنيات التدرب المختلفة سواء العلمية أو العملية التي يمارسها الفرد مـن أجـل ابتـداع الأفكار. إذا نستنتج أن ابتداع الأفكار نشاط يمكن ممارسته مـن قبـل أي إنسان دون حـواجز ولكـن مستويات التفكير ونتاجاته تختلف من شخص إلى آخر, باختلاف الشخص نفسه من حيث قدرتـه عـلى مواءمة عملية ابتداع الأفكار بالعلم الذي يلم به, وكذلك المعرفة بفنيات الابتداع الفكري حتـى تكـون الأفكار المبتدعة أفكارا إبداعية وتحقق التميز, بمعنـى آخـر تحقيـق التفكيـر الإبداعي والخروج مـن التفكير العملياتي كما أفاد خـير الله (2008: 186) لأن التفكيـر الإبداعي يعنـي الاستكشـاف وتطوير الأفكار وتوليد الحلول غير المسبوقة ولا مثيل لها, بينما التفكير العملياتي يعني التفكيـر الروتينـي ضـمن الإجراءات والقواعد والحلول البديهية والمعروفة التي تتشابه مع أفكار الكثير من المفكرين.

مصادر الأفكار الإبداعية: The Resources of Innovational Ideas

يؤمن الكثيرون وأنا منهم أن الأفكار الابداعية لا تأتي دائماً نتيجة قرار لحظي او آني أو في كـل الأوقات, ولكنه قد يظهر بين الحين والآخر اوبين فترات متفاوته, أو بمعنـى آخـر قد نبـذل مزيـد مـن الجهود للحصول على أفكار جديده في اجتماع ما, ولكن في نهاية الاجتماع يمكن أن يؤجل لعدم التمكن من الوصول إلى أفكار جديده, ولكن ربما يمكن لكل فرد من الأعضاء أن يـأتي بالعديد مـن الأفكار في اليوم التالي من الاجتماع, لأن الكثير من الأفكار الابداعية تتدفق احياناً الى الذهن فجأة دون إعـداد أو تجهيز مسبق, حيث يمكن أن تأتي هذه الأفكار للفرد وهو في طريقه الى بيته سواءً كان سائقاً مركبتـه الخاصة أو راكباً الباص العام, أو سواء كان على مأدبة طعام أو عشاء سواءً كـان مستلقـي عـلى سريـره للنوم, وهذا يمكن أن نسميه بمصادر الأفكار الابداعية الباطنية, أي التي تتولد بشكل غير مباشر نتيجـة ما يسمى بالقدحة أو الشراره أو اللمعة الابداعية

التي من خلالها يولد فكرة جديده دون ان يعُد أو يجهـز لهـا مسـبقاً. ومـا يجعلنـي أن اوكد هـذه المقوله هو استرشادي ببعض التجارب الواقعية التي مررت بها في بعض مراحل حياتي, وقد كان احدها أثناء إعداد أطروحة الدكتوراه حيث كنت أحياناً استغرق الليل بأكمله حتى استطيع أن اخـرج بفكره معينه لأضيفها على الأطروحة ولكنني كنت أتفاجأ بعدم تحقيق ذلك, وسرعان ما كنت اطوي أوراقي دون أن أصل إلى أي إضافة أو جديد, ولكن في الجانب المعاكس كنت أحياناً أقوم من نومي وأحيانا عن طعامي وأحيانا أوقف سيارتي إلى جانب الطريق وأبدأ اكتب بسرعة ما يراودني من أفكار التي جاءتني نتيجة ومضه أو شراره أو قدحه أو لمعه بغض النظر عن اختلاف المسميات. كما واستذكر أيضا بعض مواقف شرارة الإبداع التي كانت تحدث مع أحد الأصدقاء أثنـاء تواجـدنا في البـاص في إحـدى الـدول الأجنبية أثناء مراحل الدراسة، حيث كنا نجلس سوياً في مقعد الباص نتحدث تارة وننظر إلى مـا حولنـا من مناظر جذابة تارة، وفجأة كنت أرى صديقي يصمت ثـم يخرج القلـم والورقة مـن جيبـه ويبـدأ يكتب بسرعة وبشكل منهمك ما كان يراود ذهنه من أفكار تتعلق في أطروحته الدكتوراه, والأمثلة على ذلك كثيرة ولا حصر لها.

أما مصادر الأفكار الإبداعية الأخرى يمكن أن نسميها بالأفكار الظاهرية أي الأفكار التي يمكن الحصول عليها بشكل مباشر من واقع البيئة الداخلية والخارجية التي نعيش فيها نتيجة تفكير قصـدي مكثف في موضوع ما.

وتتمثل مصادر الأفكار الإبداعية الداخلية كما يلي:

1- المنظمة وأقسامها المختلفة (Organization and its Sections) وخاصة أقسام البحـث والتطويـر والدراسات والبحوث والتسويق والتصميم والجودة وغيرها.

2- الإدارة العليا وما ينجم عنها من ممارسات إدارية (Top Level of Management) تساعد في خلق وتوليد الأفكار الإبداعية لدى المستويات الإدارية الأخرى مثل استخدام المشاركة والتمكين والتدريب والتفويض والإدماج الوظيفي وفرق العمل والحوافز وأسلوب التحاور والعصف الذهني وغيرها.

أما مصادر الأفكار الإبداعية الخارجية تتمثل بما يلي:

1- المستهلكين (Consumers): حيث يعتبر المستهلك من أهم وأكثر المصادر إنتاجا للمفاهيم والأفكار الإبداعية، حيث تأتي هذه الأفكار غالباً لتطوير الحاجات والمتطلبات وتقديم ما هو جديد للمستهلك.

2- قنوات التوزيع (Distribution Channels) : حيث تعتبر قنوات التوزيع من المصادر المهمة التي يتزود منها الفرد بالأفكار الإبداعية الجديدة نظراً لما لها من معرفة واسعة بأحوال السوق واحتياجاته وجوانب القوة والضعف.

3- المنافسون (Competitors): حيث يشكل المنافسون عنصر مهم في تزويد وتقديم الأفكار الإبداعية للأفراد ويأتي ذلك من خلال دراسة السوق والمنافسين ودراسة منتجاتهم وأفكارهم الإبداعية والتي غالباً ما تكون من خلال الدراسات والبحوث والاستخبارات التسويقية التي بدورها تقوم باكتشاف ما هو جديد لدى المنافسين والعمل على اختراق أفكارهم من خلال الحداثة والتطوير والتحسين والإتيان بأشياء جديدة تفوق منتجات وأفكار المنافسين، وقد يكون ذلك من خلال استخدام أسلوب التحالفات أيضاً وشراء منتجات المنافسين وتفكيكها وتحليل أجزائها , وتقدير التكاليف المترتبة على ذلك.

4- الحكومات (Governments) : حيث تلعب الحكومات دور فعال في تقديم الأفكار الإبداعية الجديدة, وذلك من خلال تقديم المساعدات والاستشارات

وتبني المبدعين, وكذلك من خلال بناء قاعدة معرفية متكاملة للإبداعات الجديدة والابتكارات والريادة وتنظيم نشاطاتهم الإبداعية، وتقديم الـدعم الـلازم مـن خـلال الحـوافز والقـوانين والأنظمة والتشريعات وإنشاء الحاضنات الإبداعية.

5- مراكز البحث والتطوير (Research and Development) : تشكل دوراً بالغ الأهمية في عمليات البحـث والدراسـات المتعلقـة بالمبـدعين والنشـاطات الإبداعيـة وذلـك مـن خـلال الدراسـات والبحوث الميدانية والنظرية التي توفر معلومات مختلفة عـن السـوق والمنافسـين والمنتجـات والمستهلكين ومتطلباتهم المتجددة. وهناك بعض المصادر الخارجيـة الأخـرى التـي تـزود الفـرد بالأفكار الإبداعية المختلفة كالجامعات، ووكـالات التغيـير، ووكـالات الدعايـة والإعـلام، ومراكـز النشر للبحوث، والمستشارون وغيرها.

أنواع التفكير :   Types of Thinking

هناك سبعة أنواع رئيسية للتفكير وهي (خيرالله 2008: 54):

1- <u>التفكير العلمي</u>: وهو التفكير المنظم الذي يمارسه الفرد في واقع حياتـه اليوميـة والعمليـة أو في علاقته مع البيئة التي تحيط به ويمارس نشاطاته فيها.

2- <u>التفكير المنطقي</u>: وهو التفكير الذي يمارس مـن أجـل إيجـاد مـبررات نتيجـة عمل معـين أو الحصول على الدلائل التي تؤكد وجهة نظر معينه سواءً ايجابياً أو سلبياً.

3- <u>التفكير الناقد</u>: وهو التفكير الذي يعتمد على تحـري الدقة مـن خـلال متابعـة الموضوعـات ومناقشتها بهدف التقويم واستخلاص النتائج بأسلوب سليم ومنطقي مع مراعاة الموضوعية العملية.

4- **التفكير الإبداعي**: وهو التفكير الذي يهدف إلى إيجاد أو خلق شيء مألوف من أشياء غير مألوفة، وأن تحول الأشياء المألوفة إلى أشياء غير مألوفة.

5- **التفكير التوفيقي**: وهو التفكير المتوازن الذي يعتمد على مرونة الفرد وعدم الجمود من حيث قبول أفكار الآخرين ومحاولته لخلق نوع من النتائج والانسجام ما بين أفكاره وأفكار الآخرين.

6- **التفكير الخرافي**: وهو التفكير الذي يهدف إلى فهمه لغاية تحصين المفكر من استخدامه وتقليل مناسبات وظروف حدوثه.

7- **التفكير التسلطي**: وهو التفكير الذي يهدف من عرضه إلى فهمه بهدف تحصين المفكر من استخدامه لأن انتشار وشيوع مثل هذا النوع من التفكير يقتل التلقائية والنقد والإبداع.

أساليب التفكير: Attitudes of Thinking

يعتبر التفكير من الأنشطة الذهنية التي يمارسها الإنسان طيلة فترة حياته، ويختلف كل إنسان عن الأخر من حيث الطبيعة والمستويات الفكرية التي تقوده إلى اتخاذ رأي معين أو التطرف في فكر مغاير ينعكس بالتالي على سلوكياته واتجاهاته الموقفية. وقد يعود اختلاف أساليب التفكير لدى الناس نتيجة تأثر العقل بمؤثرات معينه تؤدي إلى تفاوت التفكير بين اقرب الناس إلى بعضهم، ومن تلك المؤثرات على سبيل المثال لا الحصر التي يمكن أن تؤثر على أسلوب التفكير لدى الإنسان هي:

1- **المؤثرات الثقافية**:(Cultural Effects) وهي مؤثرات القيم والعادات والتقاليد والأعراف والشعائر والرموز والطقوس والدين التي يتربى عليها الإنسان وتؤثر فيه.

2- **المؤثرات الاجتماعية**: (Social Effects) وهي المؤثرات التي تنجم عن علاقة الناس مع بعضهم البعض والترابط الاجتماعي والأسري.

3- **المؤثرات الاقتصادية**: (Economical Effects) وهي المؤثرات المتعلقة بمستوى المعيشة والـدخل والظروف الاقتصادية والمادية والغنى والفقر التي يعيشها الفرد.

4- **المؤثرات الموقفية**: (Contingency Effects) هي المؤثرات التـي يمكـن أن تظهـر فجـأة في حيـاة إنسان ما نتيجة ظروف ومواقف معينه أو نتيجة التحـولات والتغـيرات البيئيـة التـي يمكـن أن تطرأ في حياته بغض النظر إذا كان التحول ايجابي أو سلبي، وكـذلك كـالمؤثرات التـي يمكـن أن تؤثر على الإنسان نتيجة تجارب معينه مر بها.

5- **المؤثرات الموجهة**: (Intended Effects) وهي المؤثرات التي تستخدمها جهات أخرى للتأثير على تفكير فرد في تجاه معين مثل استخدام الحوافز من قبـل المـدير للتـأثير عـلى تفكير فـرد معيـن لانجاز مهمة ما، أو مثل تأثير حزب ما على أعضاءه لتبني أفكار معينه وهكذا.....

هذا بالإضافة إلى وجود بعض المؤثرات الأخرى كالمؤثرات التعليمية والبيئية وغيرها.

أما من حيث أساليب التفكير المختلفة التي يستخدمها الناس في واقع حيـاتهم يسـتحق منـا الموضوع أن نسلط الضوء على بعضها وهي:

☐ **أولا: التفكير العقلاني**: ويسمى بالتفكير التحليلي الذي يعتمد فيه الإنسان على تحكيم عقلـه في المواقف الخلافية والاعتماد على القواعد العلمية والمنطقية، والذي يستند على الأمور البديهيـة والمسلمات التي لا يختلف عليها اثنان.

☐ **ثانياً: التفكير المثالي**: وهو التفكير الذي ينطلق من منطلق ديني وقيمي وعقائدي وروحاني في معالجة القضايا التي يتعامل معها، والتعامل مـع الأمور التـي يواجههـا بشـكل حـرفي دون أي تشويه أو تحريف

- **ثالثاً: التفكير الواقعي:** وهو التفكير الذي يؤمن فيه الفرد بأن الصحيح هو ما اتفق عليـه مـن قبل عامة الناس وشيوع استخدامه أو تطبيقه حتى أنه أصبح عرف سـائد بـين الناس، وكذلك إيمان الفرد من منطلق الحقائق والظواهر الملموسة. ويتميـز التفكير الـواقعي بأنه يعـالج القضايا مـن منطلق التجربـة والواقع الفعلـي بعيـداً عـن التأثر بـالآراء والأفكار والتطورات الشخصية.

- **رابعاً: التفكير الندي:** ويسمى أيضا بالتفكير التركيبي وهو تفكير الفرد الـذي يـأتي دائمـاً بأفكار مغايره للآخرين ولا يكون له مبدأ تفكيري معين، أي انه يتميـز بالمرونـة العقليـة والعاطفيـة والتقلب والتغير السريع، والتفاخر في عرض أراء وأفكار وتصورات جديدة.

- **خامساً: التفكير البرجماتي:** وهو التفكير النفعي الذي يركز فيه الفرد في تفكيره نحو مصالحة الخاصة وتحقيق المنافع والمكاسب بـأي طريقة. أي كالحربـاه التي تتقلب في ألوانها حسب موقعها لتحقيق أهدافها دون أن يراعي فيها المنطق أو القيم أو الواقعية. يتميز هـذا النـوع من التفكير بقدرة الفرد على استخدام أساليب الذكاء العاطفي والتسلق على حسـاب الآخـرين لتحقيق المنافع الخاصة.

- **سادساً: التفكير الإبداعي:** وهو التفكير الذي يعتمد على محاكاة الذات وسعة الخيال والإدراك والمواظبة على خلق أفكار جديدة غير مألوفة وعـدم ترسـيخ الأفكار القديمة. ويتميـز هـذا الأسلوب من التفكير بحب الغير والتجديد وعدم قبول المألوف.

أنواع التفكير الإبداعي: Types of Innovational Thinking

الإبداع التفكيري كما هو الإبداع نفسه الذي سبق وان تناولناه في الفصـول السـابقة، وكذلك كما هي الرياده التي سوف نتناولها لاحقاً في هذا الكتاب تقع في عدد من المستويات أو الأنواع. وهنا في هذا الفصل ونحن نتناول بعضاً من جوانب التفكير الإبداعي يسـتحق منا أن نبرز أنـواع التفكير الإبداعي وهي كالآتي:

1- التفكير الإبداعي الفردي: وهو التفكير الذي يكون على مستوى الفرد ويتعلـق بـالفرد نفسـه دون أن يشمل الآخرين معه سواءً في أسرته أو عمله، أي هو الـذي يتحمـل نتـائج قراراتـه وآراءه الإبداعية سواء كانت نتائج ايجابية أو سلبية دون أن يشرك بها من حوله.

2- التفكير الإبداعي الجماعي: وهو التفكير الإبداعي الذي يعود على مجموعه معينـه أي عـدد من الأفراد الذين يشتركون مع بعضهم البعض في نشاط معين مثل مجموعة من العـاملين في منظمة ما أو قسم أو مديرية أو فريق أو لجنه أو أسره. حيث تعود نتائج الأفكار الإبداعيـة هنا على المجموعة ككل دون استثناء أحد سواءً كانت النتائج ايجابية أو سلبية.

3- التفكير الإبداعي المؤسسي: وهـو التفكير الإبـداعي الـذي يكـون علـى مسـتوى المنظمـة أو المؤسسة ككل بحيث يشترك فيها كافة مستويات الإدارة سـواءً العليـا أو الوسطى أو الـدنيا لتعطي نتاجات كليه على مستوى المنظمة، وان نتائج هذه النتاجات سواءً ايجابية أو سلبية تنعكس على كل المنظمة والعاملين فيها بمختلف مستوياتهم الوظيفية.

4- التفكير الإبداعي الموقفي(المصري 2008 :235)

وهو التفكير الإبداعي الذي يتعلق بقـدرة الفـرد علـى تقـديم أفكـار إبداعيـة والقـدرة علـى التصرف بحكمه واتخاذ القرارات الصائبة نتيجة تصرفه لموقف طارئ أو ظرف اضطراري دون إعداد أو تجهيز مسبق. مثل مواقف القادة العسكريين في الحروب، أو مثل إحلال موظف عـادي ليعمـل بموقـع قيادي نيابة عن زميله الذي تعرض لحادث أو ظرف ما.

الشروط الواجب توفرها لتوليد الأفكار الإبداعية:

Conditions to Generate Innovational Ideas

لا نبالغ أن وصفنا الإبداع في العقل البشري كالجنين في رحم أمه الذي لا يرى النور إلا بعد نضوجه واكتمال دورانه، وكذلك الأفكار الإبداعية التي ربما تعيش لفترات طويلة في باطن العقل الفكري للإنسان دون أن يبزغ نورها إلى نتاج إبداعي، لآن النتاج الإبداعي ما هو إلا مجموعة من الأفكار الخام الصماء التي لا تعبر عن قيمه أو معنى قبل أن يحاكيها العقل ويجري عليها المعالجة من خلال التفكير ليخرج منه ما يسمى بالإبداع أو النتاج الإبداعي.

والأفكار الإبداعية توجد عند كل الناس دون استثناء ولكن تواجدها يتفاوت من حيث المستوى الكمي والنوعي. حيث انه ليس من المهم أن تتواجد الأفكار الإبداعية لدى الناس بقدر ما يتم توليد هذه الأفكار وإخراجها إلى حيز الوجود بمستوى أعلى في القيمة والنوع، ولتصبح أفكار إبداعية قابله للتطبيق. وقد أشارت الدراسات والبحوث العلمية إن لتوليد الأفكار الإبداعية مجموعة من الشروط التي يجب أن تتوافر حتى يكتب لها النجاح وتخلق النتاج الإبداعي، ويمكن لتلك الشروط أن تختصر من خلال استعمال ستة كلمات تشكل بدايتها كلمتين تتكون من ستة حروف بالانجليزية وهي **OFF SEA** وتعني (الأصالة **Originality**، ألطلاقه **Fluency**، الحساسية **Sensitivity**، الاستنباطية **Elaboration** ، القبول **Acceptance**)، وفيما يلي توضيح لكل منها على النحو التالي (سويدان والعدلوني، 2002: 57).

1- **<u>الأصالة Originality</u>**: وتعني قدرة الفرد على الإتيان بشيء أصيل أي بمعنى نادر وفريد والقدرة على توليد الأفكار الجديدة التي لا مثيل لها.

2- **<u>الطلاقه Fluency</u>**: وتعني قدرة الفرد على التعامل مع الأفكار وضخها وتدفقها بشكل كبير وسلس دون أن تواجه أي إعاقة في أي نوع من أنواع

الطلاقة كالطلاقة التذكرية أو اللفظية أو الارتباطية، أو الشكلية، أو الفكريـة، أو التفسـيرية، وفيما يلي توضيح لكل نوع من أنواع الطلاقة على حده:

- <u>الطلاقة التذكرية (Reminding):</u> وهي القـدرة عـلى اسـترجاع واسـتذكار الأفكـار والكلـمات المخزنة في الذهن بشكل سريع دون ارتباك وتمتع الفرد بالفطنة والذكاء.
- <u>الطلاقة اللفظية</u>: هي قدرة وسهولة الفـرد في إطـلاق عبـارات أو كلـمات تتشـابه في البدايـة والوزن والقافية بغض النظر عن جوهر المعنى.
- <u>الطلاقة الارتباطية (Correlation)</u> : هي قدرة الفرد على الإنتاج السريع للكلمات آو العبارات التي تتجانس في المعنى أو خصائص أخرى كالكلمات أو العبارات المنتقاة أو المترادفة.
- <u>الطلاقة الشكلية</u>: وهي قدرة الفرد على الاستجابة السريعة وتقديم الأمثلة والبراهـين والأدلـة والتوضيحات في حال تقديمه لأي محتوى وصفي أو نظري.
- <u>الطلاقة الفكرية</u>: وهي تشبه الطلاقة التذكرية مـن حيـث القـدرة عـلى اسـترجاع أكـبر قـدر ممكن من الأفكار بحيث يجب أن تتميز الأفكار بالمنطقية والملائمة لسياق الحديث المتنـاول خلال فترة زمنيه محدده.
- <u>الطلاقة التعبيرية (Expression):</u> وهـي التـي تعتمـد عـلى قـدرة الفـرد في التفكـير السـريع وتكوين العبارات والكلمات المرتبة والمنسقة، وبحيث تحتل صياغة لغويه صحيحة وجمـل مفيدة معبره.

3- <u>المرونة **Flexibility**</u>: وتعني التركيز على الكيف بدلاً مـن الكـم، أي قـدرة الفـرد عـلى تقـديم الأفكار المتنوعة في جوهر المعنى بحيث لا يكون تصلب حول نوعية واحـده مـن الحلـول أو التقيـد بطريقـه واحـده للوصـول إلى حـل، فهـو يغـير باسـتمرار في المعنـى أو التفسـير أو الاستعمال أو فهم المهمة أو إستراتيجية

العمل أو يغير في اتجاه التفكير والقدرة على الانتقال من موقف لآخر والتعامـل مـع جميـع المواقف.

4- **الحساسية** <u>Sensitivity</u>: وتعني القدرة عـلى تلمـس المشكلات وملاحظتها وإدراكها بشـكل مسبق قبل أن تتفاقم.

5- **الاستنباطية** <u>Elaboration</u>: وتعني الميل إلى إبراز التفاصيل والقدرة عـلى استنباطها بصـوره مبدعه. كما تعني قدرة الفرد على التعامل مع كم من الأفكار والمدخلات والربط بينها وبـين مواقف أخرى عند التعامل مع متغيرات أو حل مشكله معينه دون أن تؤثر في إحداث إرباك أو تشويش على أفكاره.

6- **القبول** <u>Acceptance</u>: وهي من أهم الشروط الواجب توفرها في الأفكار الإبداعية لأن الأفكار الإبداعية نتاج للآخرين، أي الناس هم الذين يستفيدون من النتـاج الإبداعي الجديـد وهـم أصحاب القرار في القبول أو الرفض للأفكـار الإبداعيـة الجديـدة بنـاءً عـلى مسـتوى المنفعـة والعوائد المتحققة لهم.

خطوات التفكير الإبداعي : Innovational Thinking Process

يمر التفكير الإبداعي بمجموعه من المراحل والخطوات المتسلسلة التي يستند عليهـا العقـل البشري للوصول إلى فكره إبداعية معينه. وهذه المراحل أو الخطوات هي: (الصرن،2001: 262).

1- إدراك الحاجة Perception of Need: أي شعور الفرد بالحاج الضرورية لتحقيق شيء واندفاعه لها.

2- الاستعداد Preparation: أي مرحلـة التجهيـز والإعـداد وهـي المرحلـة التـي تتطلـب تجميـع المـواد والمعلومات اللازمة.

3- الحضانة Incubation: وهي مرحله الراحة والاسترخاء للجهد الواعي.

4- التبصر Insight : وهي مرحله الإدراك الأولي للأفكار الجديدة والتمعن فيها ومحتوياتها القيمة.

5- التحقق Verification: وتعني مرحلة الاختيار والمطابقة للأفكار وإيصالها للآخرين أو أصحاب المصالح.

تنمية التفكير الإبداعي: Development of Innovational Thinking

لقد كان من الجميل أن نستعرض شروط عملية توليد الأفكار الإبداعية وتشبيهها بالجنين لأننا قصدنا في ذلك أن الجنين ربما يموت في رحم أمه أو يأتي معاقاً أو غير معافي لو لم تكن تخضع أمه لشروط الصحة الأسرية والغذائية والطبية وغيرها. والسؤال هنا هو هل لهذا المولود أن يتعافى حتى ولو خرج حياً من رحم أمه وهل يمكن أن ينمو ويعيش ويصبح رجلاً دون أن تتوفر له البيئة المناسبة ومقومات الحياة الأساسية ؟ بالتأكيد الجواب لا، لأنه في هذه المرحلة يحتاج إلى الأم أو الحاضنة، ويحتاج إلى البيئة والمناخ المناسب، ويحتاج إلى الطبيب ليكشف عليه ويعالجه أوقات المرض، ويحتاج إلى الحماية، ويحتاج إلى التعليم، ويحتاج إلى الأب لينمي فيه صفات الرجولة، ويحتاج إلى الكثير من الرعاية حتى يقوى ويشتد عوده ويصبح رجلاً، وكذلك فإن حال التفكير الإبداعي كما هو حال المولود الذي لا يمكن أن ينمو ويتطور دون أن يتوفر له أسس ومبادئ داعمة حتى تنميه. ونبرز فيما يلي بعضاً من أهم تلك الأسس والمبادئ:

1- <u>توفر البيئة الملائمة</u>: أي توفر المناخ الذي يتلاءم أو ينسجم مع أصحاب الأفكار الإبداعية كلاً حسب اهتمامه وميوله ورغباته التي يتميز فيه. حيث يتمثل المناخ أو البيئة الملائمة بالهدوء والمناخ الصحي، والثقافة وتوفير المستلزمات حسب الميول الشخصية كأن يميل طفل إلى اللعب في أدوات هندسية، والآخر إلى الأدوات التي يستخدمها الطبيب أثناء المعالجة.

2- توفير المستلزمات اللوجستية الأساسية: وهي المستلزمات التي يجب أن تتوفر في البيئة التي يعمل بها الشخص والتي من خلالها يستطيع أن ينمي ما لديه من أفكار كالأدوات القرطاسية والمكتبية والرسوم والألوان والكمبيوتر وغيرها بالنسبة للفئات العمرية من الأطفال، وكذلك توفر المكتبة والانترنت والمختبر بالنسبة للفئات العمرية من الطلبة أو الأساتذة في المدارس والجامعات ، لأنه لا يعقل أن ينمي الأستاذ الجامعي أفكاره وهو يتشارك مع خمسة من زملاءه المدرسين في نفس المكتب دون توفر كمبيوتر والانترنت ومكتبه يملأ رفوفها الغبار والكتب القديمة أو مختبرات دون أدنى مستوى من التأهيل والجاهزية.

3- احترام الأفكار الجديدة: أي احترام ما هو جديد من أفكار يحملها الفرد سواءً من قبل أسرته أو في مدرسته وجامعته أو في عمله، بحيث يتم قبول واحترام الفكرة مهما كان مستواها أو إمكانية تطبيقها، وان لا تواجه الفكرة الجديدة بالسخرية أو الاستهزاء.

4- التعمق في الاطلاع والمعرفة: أي دعم التفكير الإبداعي بالمزيد من الاطلاع والتعمق في الأفكار الإبداعية التي تدور في ذهن المبدع وعدم الوقوف عند حد معين من التفكير وعدم الاكتفاء بمحدودية معينه من الأفكار التي تجول في الذهن لأن ذلك يقوي النشاط الفكري لدى الإنسان.

5- اختيار الأفكار الملائمة: وتعني عملية تنظيمية للأفكار بحيث يتم اختيار الأفكار الواقعية التي تتناغم مع قدرات الفرد العقلية والذهنية، وكذلك اختيار الأفكار السليمة الخالية من الأخطاء، لأن ذلك قد يؤدي إلى إحداث ما يمكن أن نسميه بالشوائب الفكرية أي الأفكار المغلوطة التي تؤدي إلى إحداث الإرباك أو التشتت الذهني بدلاً من دفع عجلة التنمية الفكرية.

6- <u>عدم الخوف من النتائج</u>: وهي سمه الشخص المبدع أو المبتكر أو الريادي الـذي يجـب أن يتميز بالجرأة وعدم الرضوخ لمبدأ الخوف مـن الغـد أو المجهـول أو نتاج الأفكار الإبداعية المحررة. مما يقع العائق الكبـير في هـذا الجانـب عـلى الجهـات الأخـرى كالأسرة والمدرسة والجامعة والعمل والمجتمع التي يجب أن تزرع مبدأ المباد آه والمبادرة في ذات الفرد بـدلاً من الرهبة أو الخوف.

7- <u>عدم الاعتماد على أحادية النمط التفكيري في الوصول إلى الحلول</u>: أي عـلى الفـرد أن يخرج عن المألوف في التعامل مع المشاكل وطرق حلها وان لا يعتمد على النمط الواحـد أو المعتـاد الذي قد يفرض عليه من قبـل المجتمـع أو الأسرة أو المعلـم أو صـاحب العمـل، ويجـب أن يكون لديه الحرية المطلقة لاختيار الطريق أو النمط الذي يناسبه وخاصة أننا نعيش في عالم كبير ملئ بالطرق والأساليب المتجددة التي يمكن أن تسـتخدم لمعالجـة مشكله أو التفكير فيه.

8- <u>التدوين الكتابي للأفكار الإبداعية</u>: أي تسجيل وتوثيق الأفكار الإبداعية التي تتولد لدى الفرد لأن الأفكار الإبداعية لا تتولد بمجرد عصا سحريه أو في أي زمان أو مكـان، وإنما كـما ذكرنا سابقاً قد تتولد نتيجة شراره أو قدحه أو لمعه فكريه لم تكـن بالحسبان، لـذلك فـإن عمليـة تسجيل الأفكار الإبداعية مهم جداً ليسهل عملية استذكارها واسترجاعها وتطويرها مـن قبـل الفرد نفسه أو من قبل الآخرين في حال إتاحتها لهم.

9- <u>توفير البرامج التدريبية</u>: وهـي البرامج والـدورات التدريبيـة المختلفـة سـواءً العامـة أو المتخصصة التي يشكل كل منها أهمية وعوائد ايجابية على الفرد من حيث الأفكار الإبداعية التي تكتسب من محتويات البرنامج التدريبي أو تزيد من مستوى تنميـة التفكير الإبداعي لدى الأفراد المشاركين .

10- استخدام مبدأ الحوافز الايجابية: وهي الامتيـازات الماديـة أو المعنويـة التـي تمـنح للشـخص الذي يأتي بأفكار إبداعية حديده، وان يراعى فيها نوع الحـافز الـذي ينسجم مـع حاجـات ورغبات الشخص المبدع، وكذلك أن يراعى فيها العدالـة في تقـديم الحـوافز لمسـتحقيها دون تحيز أو محاباة، وان تقدم الحوافز على الملأ مـن المـوظفين أو مـن خـلال استخدام أسـلوب التعميم من أجل تشجيع المبـدعين أنفسـهم وغـرس قـيم الثقافة الإبداعيـة لـدى الآخـرين وتنمية التفكير الإبداعي عندهم.

11- إنشاء الحاضنات للأفكار الإبداعية: وهي الجهات أو المراكـز أو المؤسسـات التـي تستقطب الأفكار الإبداعية وتتبناها، وتقوم بتسجيلها باسم الشخص الذي قدمها للحفاظ على حقوقـه من القرصنة الفكرية وان تعمل هذه الحاضنات على دعم المبدعين وأفكارهم والسـعي عـلى تطويرها.

12- استخدام مبدأ التطبيق للأفكار الإبداعية: وهي عملية التحول مـن أفكار نظريـة إلى عمليـة تطبيقيه(ابتكار) أي أن يرى المبدع أن أفكاره قد خرجت إلى النور وحققت شيء من القيمـة المضافة وأصبحت شيء ملموس يستخدم في واقع الحياة البشرية. وعمليـة التحول من أفكار إبداعيه إلى عمليـة ابتكار مسألة في غاية الصعوبة والتعقيد لأسباب يعود مفادها إلى اتخـاذ قرار قبول الفكرة الإبداعية من قبل الناس والمجتمع والمحيطين (أصحاب المصالح) وتطبيقها على أرض الواقع، وكذلك لأن عمليـة التطبيق ليست سـهله وتحتاج إلى كثير مـن الجهـود والموارد والبحث والدر اسه، لذلك يجب أن تستند الأفكار الإبداعية حتى يكتب لها القبول والتطبيق والتحول لابتكار على مجموعه مـن الاعتبـارات التـي سـوف تناقشها في الموضـوع اللاحق.

الاعتبارات التي يجب مراعاتها لقبول الأفكار الإبداعية وتطبيقها:

Considerations for Implementing the Innovational Ideas

قبل أن نبين تلك الاعتبارات يجب أن نطرح السؤال التالي ونجيب عليه بأنفسنا وهو، هل كل الأفكار الإبداعية قابله للتطبيق، ولماذا؟ من البديهي أن يكون الجواب لا، لأن هناك من الأفكار الإبداعية ما هو صالح وغير صالح ومنها ما هو خيالي وواقعي، ومنها ما هو بسيط ومعقد، ومنها ما هو نافع وغير نافع ، ومنها ما هو المربح وغير المربح. لذلك على الجهات التي ترغب في تطبيق الأفكار الإبداعية وتحولها إلى ابتكار أن تجيب على كل تلك الأسئلة وغيرها وتجري الدراسات والتحريات الدقيقة للتمكن من غربلة الأفكار الإبداعية والوصول إلى القرار السليم حول أمكانية التطبيق منها، لذلك حتى تكون الأفكار الإبداعية مقبولة وقابله للتطبيق يجب أن تخضع لمجموعة من الاعتبارات وفيما يلي أهمها:

1- أن تكون الأفكار الإبداعية موضوعية: أي أن تطبيقها يعالج مشكلة معينه آو يلبي احتياجات أساسيه في المجتمع.

2- أن تحقق الأفكار الإبداعية منافع وفوائد: أي أن تحقق عوائد ايجابية ومفيدة للناس والمجتمع أكبر من عوائدها السلبية.

3- اختيار التوقيت المناسب للتطبيق: أي أن يتم الوقت المناسب لكل الأطراف وبما يتلاءم مع الظروف المناسبة للجهة التي ترغب في تطبيق الأفكار الإبداعية، بحيث يتم اختيار الفترة التي يكون فيها مخصصات ماليه للمنظمة واستقرار وظيفي وأوقات مناسبة.

4- أن تكون التكاليف مناسبة: أي القدرة الاقتصادية على تحويل الأفكار الإبداعية، بحيث لا تكون قيمة التكاليف باهظة أو أعلى من المنافع التي يمكن أن تحقق بغض النظر عن المنافع الاقتصادية أو الاجتماعية أو النفسية.

5- توفر الموارد اللازمة لتطبيق الأفكار الإبداعية: أي توفر كل مستلزمات المراد استخدامها في عملية التطبيق لكي تكون عملية التطبيق سهله وعدم الوقوع في عقبات لاحقه، لأن عملية التطبيق لا تنطوي على الموارد المالية فقط بل تحتاج إلى العديد من الموارد والتي يجب أن يتوفر فيها عنصر الكفاءة كالموارد البشرية والخبرات والكفاءات والموارد المعرفية والمعلوماتية والموارد التكنولوجية، والموارد المالية، والموارد المادية كالموارد الخام والمعدات والأجهزة والبنية التحتية والفوقية وغيرها....

6- أن تتناغم الأفكار الإبداعية مع القيم المجتمعية: أي أن يتم اختيار الأفكار الإبداعية التي لا تتعارض مع القيم والثقافة والدين والأخلاق والأعراف المجتمعية، بحيث يكون الهدف منها تقديم الخدمة والمسؤولية الاجتماعية.

7- إيجاد السوق أو المجتمع المستفيد من الأفكار الإبداعية: أي يجب على الجهة التي ترغب في تطبيق أفكار إبداعية ما أن تحدد من السوق أو المجتمع المستهدف لهذا النتاج الجديد، هل هو السوق المحلي، أم الإقليمي، أم الدولي، وهل هو لكل فئات المجتمع أم لفئات معينه، لأن ذلك يحدد الكثير من المعايير التي يقاس من خلالها العائد على الاستثمار والحصة السوقية، والمسؤولية الاجتماعية وغيرها.

دورة حياة الأفكار الإبداعية: Innovational Ideas Life Sycle

يمر المنتج سواءً سلعي أو خدماتي أو فكري كأي مخلوق بدورة حياه بدءاً من مرحلة الولادة مروراً بالنمو ثم النضوج إلى الانحدار. وهنا يقصد بدورة حياة الأفكار الإبداعية كما هو موضح في الشكل رقم (4-1) أي المراحل التي تمر بها الأفكار الإبداعية منذ لحظة البداية (الشرارة) ثم مرحلة النمو (التفكير والمحاكاة) ومرحلة النضوج (اكتمال الفكرة الإبداعية) ثم أما مرحلة التبني والتطبيق للأفكار الإبداعية والاستمرار من جديد في دورة الحياة، وأما مرحلة الانحدار (تلاشي واندثار الأفكار الإبداعية)، وهذا يعتمد أي الاستمرار في دورة

الحياة من جديد أو الانحدار على مدى الاهتمام بالأفكار الإبداعية وتطبيقها، أي إذا كان هناك اهتمام بالأفكار الإبداعية فهذا الشيء ينميها ويجدد دورة حياتها ولكن إذا لم يكن هناك الاهتمام بالأفكار الإبداعية فإن هذا الشيء يعني إهمالها، وبالتالي يؤدي إلى تراجعها وانحدارها. فطالما أن مستوى الأفكار الإبداعية تنمو ويتفاوت مستواها عن الآخرين من حيث قبول تبنيها وتطبيقها، فإنه من الضروري في كل مرحله أن يتم مراجعتها وتغذيتها بالأفكار الجديدة من خلال البحث والاطلاع والتزود بالمعرفة ومحاكاة الذات.

أود الإشارة إلى أن الأفكار الإبداعية، هي كأي منتج آخر يخضع للقبول أو الرفض وللتطبيق أو عدم التطبيق بناء على عوائد مختلفة قد تعود للربح أو الخسارة أو الحاجة وعدم الحاجة أو القيمة المضافة وغيرها.

ويمكن توضيح دورة حياة الأفكار الإبداعية كما يلي:

☐ **المرحلة الأولى:** البداية Initiative Stage : تشتمل مرحلة البداية على ولادة الأفكار أو مجموعة أفكار تنبثق من خلال مراحل أو خطوات تفكيرية منظمة أو من خلال الصدفة والتي سبق وان سميناها بالشرارة الإبداعية. حيث يتم في هذه المرحلة عملية التصفية للأفكار للوصول إلى الفكرة الجيدة التي يجب أن تتماشى مع القدرات العقلية والذهنية للأشخاص المبدعين. وتبدأ بعد ذلك عملية تصميم أو قولبة الفكرة الإبداعية في العقل البشري ليتم اعتمادها كفكره رئيسية والتركيز عليها. حيث يتم في هذه المرحلة أيضا عملية التغذية الفكرية بالمعلومات والمعارف الجديدة التي تتعلق بالفكرة الإبداعية المتمحورة من خلال البحث والمطالعة والتجريب من أجل تطوير الفكرة الإبداعية وتنميتها وإزالة الغموض والشوائب الفكرية ويكون عادة الطلب على الأفكار الإبداعية في هذه المرحلة بطئ لأن الأفكار ما زالت غير ناضجة، وما زالت تنمو لأن الجهات المعنية في تبنيها وتطبيقها قد تأخذ فترة زمنية للوصول إلى قناعة القبول أو الرفض للفكرة الإبداعية. وفي هذه المرحلة هناك الفرصة الكافية لإعادة

النظر بالأفكار الإبداعية وتهذيبها واختيار الأفكار الجيدة التي تنسجم مع القدرة العقلية مـن ناحية ومع الواقع التنظيمي وقبولها في المجتمع أو أصحاب المصالح من ناحية أخرى.

وتتميز مرحلة البداية بما يلي:

- التركيز على جودة الأفكار الإبداعية

- المرونة في إجراء التغيرات والتعديلات وإجراء التجارب

- الحاجة إلى التعامل مع الأفكار التي تتوازن مع القوى العقلية والذهنية للشخص المبدع

- مستوى القبول للأفكار الإبداعية منخفض

- يحتاج إلى جهود عقلية وذهنية كبيره.

☐ **المرحلة الثانية:** النمو Growth Stage : تتميـز هـذه المرحلـة بـالنمو وانتعـاش الأفكـار الإبداعيـة وشعور صاحب الفكرة الإبداعية بالثقة بالنفس واكتمال فكرتـه الإبداعيـة ويبـدأ بطـرح الأفكـار الإبداعيـة بهدف الوصول إلى أعلى حصة من الرضا والقبول مـن أجـل أن يتبنـى الآخـرون أفكـاره ويطبقونها.

تتميز هذه المرحلة بما يلي

- انتشار الفكرة الإبداعية.

- اكتمال الفكرة الإبداعية

- بذل المزيد من الجهود لإيصال الفكرة الإبداعية

- وجود العديد من الأفكار الإبداعية المختلفة

☐ **المرحلة الثالثة:** النضوج Maturity Stage : في هذه المرحلة ونتيجـة إنتـاج العديـد مـن المبـدعين لأفكارهم الإبداعية التي انبثقت من المرحلة السـابقة، تبـدأ الأفكـار الإبداعيـة بالاسـتقرار بسـبب وجود العديد من البدائل للأفكار الإبداعية، لأن العمليـة هنـا وكأنهـا عمليـة تنـافس بـين المبـدعين ليعرض كل منهما الأفكار الأفضل من وجهة نظرهما، ولكن في هذه المرحلة هناك وقفة

تساءل من قبل الجهات المعنية في تبني وتطبيق تلك الأفكار الإبداعية، بحيث يجب أن يؤخذ بالاعتبار تلك الأفكار الإبداعية القيمة والقابلة للتطبيق والأخذ بالأفكار الإبداعية التي تنسجم مع معايير التبني والتطبيق، وبالتالي فأن هذه المرحلة هي المرحلة الحاسمة لتحديد مصير الفكرة الإبداعية، حيث أن الأفكار الأفضل هي التي تبقى داخل حلقة الدورة وتؤخذ للتطبيق ثم تعاود استمرارية دورة حياتها من جديد، بينما الأفكار الإبداعية الأضعف أو التي لا تنسجم مع معايير التبني والتطبيق تبدأ الأخذ بالخروج من دائرة دورة الحياة ويكون مصيرها الانحدار والتدهور كما هو مبين في الشكل نفسه رقم (4-1).

تتميز هذه المرحلة بما يلي:

- وجود بدائل للأفكار الإبداعية
- صعوبة تراجع المبدعين عن أفكارهم أو إعادة تصميمها
- مرحلة اتخاذ قرار حاسم بقبول الفكرة الإبداعية أو عدم قبولها
- مرحلة استنزاف الجهود العقلية والذهنية التي بذلها المبدعون.

❑ **المرحلة الرابعة**: الانحدار **Decline Stage** : تبدأ مرحلة الانحدار للأفكار الإبداعية والتي تأخذ بالتراجع وانحطاط مستواها نظراً للتغيرات المختلفة التي تطرأ في سلوك وحاجات وقناعات الآخرين بالأفكار المطروحة، وكذلك التغيرات البيئية والفكرية والمعرفية والتكنولوجية المختلفة. وتبدأ الأفكار الإبداعية تبدو وكأنها قديمه.

وأود أن أشير هنا أن مرحلة الانحدار مرحلة قائمة ولا بد من مواجهتها سواءً تم تطبيق الأفكار الإبداعية وتحويلها إلى ابتكار أو سواءً لم يتم ذلك، ولكن الفرق بينهما هو أن تلك الفكرة الإبداعية التي تم تطبيقها يمكنها أن تمارس العملية التكميلية والامتداد لدورة حياتها وان تواكب عملية دورة الحياة من جديد بشكل أيسر وأسهل من الأفكار الإبداعية التي أخذت بالانحدار

والخروج من دورة الحياة كلياً كما هو واضح في الشكل (1-4) ولذلك فإن عملية التطوير والتحسين للأفكار الإبداعية التي تم تطبيقها يكون أسهل، لأن هناك كينونة وحياة يمكن إنعاشها وتجديدها، بينما الأفكار الإبداعية التي لاقت الرفض وعدم القبول يصعب إنعاشها وتجديدها لأنها تحتاج إلى الولادة من جديد.

وتتميز مرحلة التدهور بما يلي:

الرفض وعدم القبول للأفكار الإبداعية

تراجع مستوى الأفكار الإبداعية واندثارها.

إحداث أضرار نفسية واقتصادية واجتماعية لأصحاب الأفكار الإبداعية المرفوضة.

الشكل رقم (1 – 4)
دورة حياة الأفكار الإبداعية

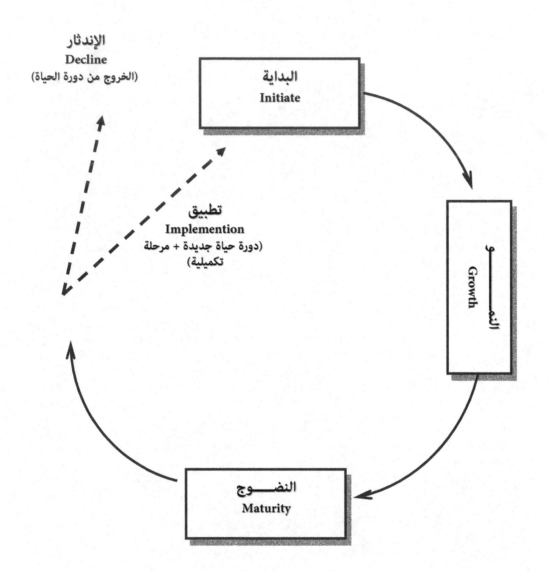

المصدر: إعداد الباحث

أسئلة للمراجعة/ الفصل الرابع

اولاً: أكمل الجمل التالية:

1- التفكير الإبداعي هو..................

2- ابتداع الأفكار يعني..................

3- الأفكار الظاهرية هي..................

4- تعتبر المنظمة وأقسامها المختلفة من مصادر الإبداع..........

5- التفكير الذي ينطلق من منطلق ديني وقيمي وعقائدي وروحاني يسمى........

6- التفكير الندي هو..........

7- الأصالة تعني..........

ثانياً: اجب عن الأسئلة التالية:

1- وضح العلاقة بين الإبداع والتفكير.

2- يعتبر الإبداع الفكري والتفكير الإبداعي مصطلحان مترادفان، علل ذلك.

3- اذكر أنواع التفكير ثم عرف كل نوع.

4- اذكر خطوات التفكير الإبداعي.

5- وضح مع الرسم دورة حياة الأفكار الإبداعية.

الفصل الخامس

الإبداع التنظيمي والريادة

Organizational Innovation and
Enterpreneurship

ويتضمن هذا الفصل المحتويات التالية:

الإبداع والريادة

مفهوم الريادة

مستويات الريادة

مفهوم الريادي

دور الرائد أو الريادي في بيئة الأعمال

المميزات التي يحققها رائد الأعمال أو الريادي

المهارات الواجب توفرها في الرائد أو الريادي

مميزات متبني الريادة

الأعمال الريادية

الريادة الاستراتيجية

أسئلة للمراجعة

الفصل الخامس

الإبداع التنظيمي والريادة

Organizational Innovation and Enterepreneurship

الإبداع والريادة: Innovation and Enterepreneurship

أن ما يتميز به الإبداع والريادة هو أنهما مصطلحان متداخلان مع بعضهما البعض بحيث كل منهما يكمل الآخر ويربط بينهما علاقة تكاملية يساعد كل منهما الآخر في دعم الكيان المنظمي وجلب إليها ما يسمى بالجديد أو القيمة المضافة التي هي من أهم خصائص الإبداع والريادة على السواء والتي من خلالها تتميز المنظمات عن بعضها البعض وتحقق المكانة الريادية في تقديم منتجاتها سواءً كان المنتج سلعي أو خدماتي أو معلوماتي.

وتبرز العلاقة بين الإبداع والريادة أيضا من خلال ما يلي:

1- التوافق في الخصائص والسمات، الشخصية كالجرأة، والشجاعة، والمخاطرة، والحماس، والتحدي، والذكاء.

2- التوافق في الخصائص الاجتماعية وتأثيراتها المختلفة مثل تأثير المجتمع والبيئة والأسرة والمنظمة والحكومة وأصحاب المصالح لأن كل منهما يتأثر بتلك الخصائص كما يؤثر فيها.

3- التوافق في الخصائص الاقتصادية التي تساعد في دعم المبدع والريادي في تحقيق ونجاح أفكارهم. حيث أن المبدع حتى يبدع أو يبقى مبدعاً يجب دعمه بالحوافز المادية، وكذلك الريادي حتى تطبق أفكاره الريادية ويصبح ريادي، يجب أن يدعم أفكاره ومشاريعه الريادية بالجوانب المادية حتى تتحقق ويكتب لها النجاح.

4- التوافق في النتائج أو في المحصلة النهائية، والذي يعني أن كل منهما يلتقي في الوصول إلى الحداثة، والتغير، أو التوليفة الجديدة

5- التوافق في الهدف أو الغاية: ويعني أن كل منهما يسعى إلى تحقيق التميز، التفرد، المكانة التنافسية، الربحية، والابتكار والتطوير والخروج عن المألوف وإضافة قيمه.

6- التوافق في بعض الخصائص التنظيمية كالمهارة والتخطيط، والتنظيم، واتخاذ القرار، والقدرة على التواصل مع الآخرين.

7- التوافق في اتجاه العمل والمجتمع المستهدف: ويعني أن كل منهما يسعى إلى الإتيان بالجديد للمصلحة الفردية أو الجماعية أو المؤسسية. كما أن كل منهما يسعى إلى التعامل مع السوق سواءً كان السوق محلي أو إقليمي أو دولي أو صناعي أو تجاري .كذلك فإن كل منهما يتعامل مع المنتج سواءً كان المنتج ملموس أو غير ملموس.

مفهوم الريادة: Concept of Entrepreneurship

هناك العديد من المفاهيم التي أوردتها أدبيات الإدارة والأعمال، إلا أن الريادة كغيرها من المفاهيم التي لم يجمع عليها الباحثون ويضعوا لها تعريفاً قاطعاً على الرغم من وجود تقارب كبير في المعاني والمحتويات التي شملتها تعريفات الريادة. حيث أن معظم الشمولية تمحورت حول القدرة على تحمل المخاطر والإبداع والابتكار(Hisrich & Peters,2002:26) .

وقد عرف (Koulter, 200: 9) الريادة على أنها العملية أو الطريقة الإبداعية المنظمة التي تستخدم من قبل الفرد أو التنظيم بهدف الوصول إلى تحقيق قيمة مضافة وتطوير العمل بما ينسجم مع حاجات ورغبات أصحاب المصالح.

وكذلك عرفها (Hisrich & Peters, 2002:10) أي الريادة بأنها عملية الإتيان بقيمة مضافة وشيء جديد من خلال تخصيص الوقت والجهد والمال وتقبل المخاطر.

والريادة تعني التفرد والاعتماد على الاختلاف والتنويع والتوافق والطرق الجديدة ولا تعتمد على النماذج والعادات السائدة التي يفعلها الآخرون، وإنما هي الوصول إلى منتجات وطرق فريدة وجديدة لا تتطابق مع الطرق المعتادة أو الطرق المعمول بها (النجار، والعلي 2006: 6).

بناءً على ذلك يعتقد الباحث أنه بات مدركاً أن الريادة تشتمل على المعاني التالية:

- الإتيان بشيء جديد لم يسبق احد وان جاء بمثله
- أن يعبر الشيء الجديد عن إضافة قيمه (Valueadded)
- قبول المخاطر في العملية الريادية.
- توفير الموارد (الوقت والجهد والمال) اللازم.

مستويات الريادة: Levels of Entrepreneurship

تنبثق الريادة في ثلاثة مستويات وهي:

☐ **أولاً: الريادة على المستوى الفردي**: وهي عبارة عن الريادة التي يمثلها أو يقوم بها شخص أو فرد واحد كالموظف أو المدير أو أحد أفراد الأسرة الذين يمتلكون الصفات والقدرات الريادية. ومن تلك الصفات والقدرات، القدرات المعرفية الناتجة عن الرغبة في التعرف على الأشياء أو المستجدات البيئية المحيطة، والقدرات التعليمية، والصفات الذكائية والوراثية، والميل نحو الفضول وحب الاستطلاع، والثقة بالنفس، والقدرة على تحمل المخاطر، والقدرة على قبول الغموض، والمثابرة، والمرونة، والاستقلالية في الرأي والفكر..

☐ **ثانياً: الريادة على المستوى الجماعي**: وهي عبارة عن الريادة التي يمثلها أو يقوم بها تنظيم معين أو مجموعة من الأفراد أو العاملين في منظمة ما مثل

قسم، وحده، مديرية، فريق، مجموعة أو شخصين وأكثر يعملان معاً بتفاعل وتناغم في الأهداف والتوجه والرؤية وشمولية المشاركة. والالتزام مع الآخرين في السعي للتميز والتفوق في الانجاز والأداء.

- **ثالثاً: الرياده على المستوى المؤسسي**: وهي عبارة عن الريادة التي تمثلها أو تقوم بها مؤسسة ما سواءً مؤسسة عامة أو خاصة مثل وزارة، دائرة، مؤسسة، هيئة، شركه. ويمكن تحقيق الريادة المؤسسية من خلال اهتمام الإدارة العليا بأصحاب الفكر والتمسك بهم وإخضاعهم لبرامج ودورات تدريبية وتأهيلية وإشراكهم في حلقات العمل والندوات والمؤتمرات، أو ممارسة أي أنشطة إدارية أخرى ترتأى الإدارة أنها تفرز مكانة الريادة في المنظمة.

مفهوم الريادي: Concept of Entrepreneur

بعد أن تم توضيح الريادة كمفهوم شامل بات من المؤكد أن مفهوم الريادي أصبح أكثر وضوحاً وجلياً. حيث يمكن القول أن الريادي هو الشخص الذي يمارس العملية الريادية بحيث يحمل أو يتمتع هذا الشخص بكل ما تحمله الريادة أو تتمتع به من خصائص وصفات مثل تحمل المخاطر وقبول الفشل، امتلاك الموارد والقدرة على إدارتها، القدرة على تحمل الجهود والأعباء البدنية والمالية، والتمتع بالمهارات والخصائص المختلفة كالإدارية والاجتماعية والنفسية. كما بين (Histrch & Peters, 2002: 16) أن الريادي يجب أن يتمتع بقدرات إبداعية وابتكاريه حتى تكتمل العملية الريادية لديه، بالإضافة إلى ضرورة توفر المهارات القيادية والرؤية الثاقبة حتى يتمكن أن يطبق الأفكار الريادية التي بحوزته. وقد عرف (Don & Donald.2001:4) الريادي هو الشخص الذي يمتلك ما لا يمتلكه الآخرون من خصائص ريادية وقدرات في اغتنام الفرص وتحقيق التميز، ومن خصائص الريادي كما بينها هي: أنه مخاطر، محب للانجاز، ضبط الأعمال واستمرارية المراقبة عليها، القدرة على التخطيط وتجنب المخاطر التي تواجهه، بعد النظر، التحدي، والدراسة. وعرف (السكارنه 2008: 20) الريادي أنه الشخص

الذي يبني ويبتكر شيئاً ذا قيمه من لا شيء والاستمرارية في اخذ الفرص المتعلقة بالموارد والالتزام بالرؤيا وكذلك اخذ عنصر المخاطرة.

وعرف بيتر دركر عام 1985 الريادي أنه الشخص المبادر الذي يستطيع أن ينقل المصادر الاقتصادية من إنتاجية منخفضة إلى إنتاجية عالية (العتيبي **www.arabschool.org**) وعرف **(Histrich & Peters 2002:26)** الريادي الشخص المبدع الذي يأتي بأشياء فريدة، ويحقق المنفعة والفرص الأفضل للآخرين. وبناءً على ذلك فإن المؤلف يرى أن الريادي يمكن أن يعرف بالجهة التي تبدع ثم تبتكر إبداعاتها لتحقق من ذلك قيمه مضافة تعود عليها بالميزة التنافسية. ويبرر المؤلف هذا التعريف للريادي على أن الجهة التي تبدع ثم تبتكر إبداعاتها لأن الجهة قد تكون شخص وهو ما يسمى على المستوى الفردي، والجهة قد تكون مجموعة على مستوى تنظيم وهو ما تسمى بالتنظيم أو الجماعة الريادية، وكذلك الجهة قد تكون مؤسسة وهو ما يطلق عليها بالمستوى المؤسسي أو منظمة ريادية، ولا يشترط بالريادي أن يكون فقط هو الشخص الواحد، كما وتعني الجهة التي تبدع ثم تبتكر إبداعاتها، أي الجهة التي تأتي بأفكار ثم تطبقها وتخرجها إلى حيز الواقع والوجود، لأن الإبداع حتمياً دون ابتكار يبقى جانباً نظرياً أو كالمادة الخام التي لا قيمة لها قبل إجراء عمليات المعالجة عليها، أي بالمعنى الضمني أن الابتكار يترجم ما يحمله الإبداع والريادة من كلمات وأفكار إلى جمل ومعاني مفيدة.

ومن الجدير بالإشارة أن نتناول أحد أهم المصطلحات المرادفة للريادي وهو الرائد **Pioneer** والذي يعرف بأنه ممهد الطريق أو من يتقدم الآخرين ممهداً السبيل لهم كي يتبعوه (بعلبكي 1979: 691). وهناك العديد من الدراسات التي انفردت في البحث عن سمات الرائد أو ريادي الأعمال، وقد بينت بعض تلك الدراسات ما يلي (**ar.wikipedia.org**):

1- لقد وجد كول (**Cole 1959**) أنه يوجد أربع أنواع من رائدي الأعمال وهم المبتكر، المبتكر المجمع، المروج شديد التفاؤل، ومؤسسي المؤسسات.

حيث إن هذه الأنواع تتعلق بنوع الفرصة التي يواجهها الرائد ولا علاقة لها بالشخصية.

2- وصف ماكليلاند (McClelland David 196) رائد الأعمال بأنه الشخص الذي تحركه الحاجة للانجاز بالإضافة إلى الرغبة الشديدة في إضافة شيء جديد في الحياة.

3- دراسة كولينز ومور (Collins and Moore 1970) التي درست حوالي 150 رائد أعمال وقد توصلت إلى آن أهم سماتهم تركزت حول الشدة والصلابة، حسب الاستقلالية وإدارة الذات، عدم الرغبة في الحصول على السلطة.

4- وفي دراسة كوبر وزملاءه (Cooper etal 1988) التي بينت أن رائدي الأعمال يتفاءلون جداً في عملية اتخاذ القرار. حيث أجريت الدراسة على 2994 رائد أعمال، وقد تبين أن 81% يعتبرون أن نسب نجاحهم الشخصية أكبر من 70% وان 33% يرون أن احتمالات نجاحهم 10 من 10.

5- أما بيرد (Bird 1992) بين أن رائد الأعمال يتسم بالمرونة، وكثرة التفكير وبراعة التخطيط، ومحب للأفكار الجديدة، حسن التصرف، مبدعون، اغتنام الفرص، وغير عاطفيون، وحب التجديد.

6- أما بينزتيز وبيرني (Busenitz & Barney 1997) فقد بينا أن رائد الأعمال يتسم بالثقة الشديدة بالنفس، والتركيز على العمومية.

دور الرائد أو الريادي في بيئة الأعمال:

Role of Pioneer/ Entrepreneur in the Business Field

يلعب رواد الأعمال دور مهم ومؤثر في واقع الحياة التي يعيشون فيها والمجتمع الذي يتعايشوا معه ويبرز دورهم في الجوانب التالية:

1- <u>إنشاء أسواق حديده</u>: (Create New Markets) أي أن هذه الأسواق الجديدة التي ينشئها رواد الأعمال ما هي إلا عبارة عن مجموعة من المواقع

الجديدة التي تحتوي الأفراد والاحتياجات اللازمة لتلبي احتياجات وإشباع رغبات الآخرين. حيث أن رواد الأعمال هم أناس مبدعون ويحققون جذب الموارد والفرص، وهم الذين يخلقون عملاء وبائعين، وان هذا هو ما يميزهم عن رجال الأعمال التقليدين الذين يمارسون وظائفهم الإدارية بشكل تقليدي كالتخطيط والتنظيم والرقابة وتحديد المهام.

2- **اكتشاف مصادر جديدة للمواد:** (Discover New Resources) حيث يعملوا بشكل متواصل على اكتشاف ما هو جديد وعدم القبول بالمصادر التقليدية أو الروتينية المتاحة، وإنما يسعون دائما إلى الإبداع والابتكار واكتشاف مصادر جديدة لتحسين عمل منظماتهم لينعكس ذلك على الوفرة في التكاليف والنقل وتحسين الجودة.

3- **تقديم الشيء الجديد:** (Bring New Things) ويعني الشيء الجديد تكنولوجيا حديده وصناعات جديدة ومنتجات جديدة.

4- **تحريك الموارد الرأسمالية:** (Activate the Capital Resources) وتعني تحريك عناصر الإنتاج المختلفة كالأرض والعمال ورأس المال وغيرها.

5- **خلق وإتاحة فرص عمل جديدة:** (Create New Jop Opportunites) ويعني أن نتاج العمل الريادي المتمثل في فتح مشاريع وأسواق جديدة تساعد في تشغيل الأيدي العاملة والحد من البطالة ودعم الاقتصاد الوطني.

6- **تحقيق المسؤولية الاجتماعية:** (Attain Social Responsibility) أي تقدم الخدمة للمجتمع والبيئة التي هو, أي الريادي جزء لا يتجزأ منها.

المميزات التي يحققها رائد الأعمال أو الريادي:

Main Advanteges Achieved by Pioneer

أن ما يميز رائد الأعمال انه يحقق مجموعة من العوائد التي لا تعود فقط على شخصه وإنما تعود عليه وعلى كل من حوله من الآخرين أو أصحاب المصالح. حيث أن المميزات العائدة عن نشاطات أو نتاج رواد الأعمال يمكن تتلخص بما يلي:

1- التوظيف: ويتمثل التوظيف في توظيف ذاتي وتوظيف الآخرين من خلال فرص العمل المستجدة.

2- تساعد في تحسين الوضع المادي للريادي ومن يحيط به من أصحاب المصالح.

3- تطوير المناطق الريفية ورفدها بالمشاريع الريادية الصناعية.

4- زيادة الدخل والنمو الاقتصادي للدولة.

5- تساعد على زيادة المنافسة والتركيز على الجودة.

6- تقديم المزيد من المنتجات الجديدة.

7- فتح أسواق جديدة.

8- التشجيع على استخدام تكنولوجيا حديثة.

9- التحرر والاستقلالية في العمل وعدم الانصياع أو الاعتماد على وظائف الآخرين.

10- تقليل قطاع الاقتصاد غير الرسمي.

11- تقليل هجرة الكفاءات وأصحاب المواهب من خلال توفير مناخ محلي جديد لريادة الأعمال.

12- تحقيق مكانة عالمية على المستوى الفردي والمؤسسي والمجتمعي.

المهارات الواجب توفرها في الرائد أو الريادي:

Important Skills for the Pioneer

بات من الضروري على أي عمل حتى يكون ناجحاً أن يتوفر فيه الكم والنوع من المهارات التي من شأنها أن تزيد من فرص النجاح والتطوير وتقليل من فرص المخاطر والتهديدات. والريادي كغيره من أصحاب المصالح أن لم يكن أكثر الذين يتعرضون إلى فرص النجاح والفشل، وذلك بسبب طبيعة وخصائص

الأعمال التي يمارسها. لذلك هناك مجموعة من المهارات المهمة للريادي لإدارة أعماله وهي : (السكارنه 2008: 31)

☐ **أولا: مهارات تقنية**، وتشمل مهارة الكتابة، الإصغاء، التحليل، حسن التحضير، التنظيم، القدرة على الاتصال، معرفة استخدام التكنولوجيا وتقنيات العمل.

☐ **ثانياً: مهارات إدارية**، وتشمل التخطيط والتنبؤ، وضع الأهداف وسياسات العمل، اتخاذ القرار، الإنتاج، التسويق، التمويل، والتفاوض والرقابة وإدارة دورة حياة المنتج.

☐ **ثالثاً: مهارات شخصية**، وتشمل الانضباط، وتحمل المخاطر، الإبداع، الرؤيا **الثاقبة**، صفات القائد، الديناميكية.

كما وتعتبر المعرفة بالبيئة من الأمور المهمة التي يجب على الريادي معرفتها والاطلاع على عناصرها المختلفة والتي تتميز بالتغير المتواصل وغير المستقر. حيث تعتبر العوامل البيئية من أكثر التحديات الحقيقية التي يواجهها الريادي وهي العوامل السياسية والاقتصادية والاجتماعية والثقافية والتكنولوجية والأنظمة والقوانين والتشريعات والقوى التنافسية أيضا.

مميزات متبني الريادة:

Distinguishments of Entrepreneurship Adopter

لا بد لمتبني الريادة سواء كانوا أفراد أو جماعات أو تنظيمات مؤسسية من مميزات تميزهم عن غيرهم لأن العملية الريادية نشاط في غاية الصعوبة والتعقيد وان الجهات التي تقوم عليها تحتل مكانه التميز والخروج عن المألوف، لذلك هناك مجموعة من المميزات التي تميز الريادة عن غيرها من الذين يمارسون الأعمال التقليدية وهي: (السكارنه 2008: 26)

1- المبادرة: وتعني استباق الحدث وأول من يأتي بالفكرة أو المعلومة.

2- **المنظمة**: وهي الجهة التي تمتلك كل الموارد ومستلزمات تنفيذ الأفكار الريادية لتحقيق الأهداف.

3- **الإدارة الذاتية**: وتعني أن الرياديين هم بأنفسهم يقوموا بإدارة منظمتهم.

4- **التحرر والاستقلال**: وتعني عدم التزام الرياديين لأي جهات أو أطراف أخرى، وإنما هـم أصحـاب استقلالية مطلقة وأصحاب قرار.

5- **تحمل المخاطر**: أي قبول وتحمل النتائج النهائية والأضرار التي يمكن أن تلحق بـه كالمخـاطر الماليـة والإفلاس أو المخاطر النفسية والجسمية والاجتماعية.

واعتقد إن هناك خاصية أخرى تميز الريادي عن غـيره وهـي التمويـل الـذاتي وتعني تحمـل الريادي لكل التكاليف والمصاريف التي تتفق على أفكاره أو مشاريعه الريادية.

الأعمال الريادية: Entrepreneurship Fields

عـرف (Baron & Kreps,2000: 10) الأعمال الريادية بأنها عملية انجاز قيمـه مضافة أو تحقيق الفروق مثل أن يتم تحقيق الفرق في القيمة بين الكلف والأرباح أو قيـادة التكلفـة أو تحقيـق التفرد والتمايز في منتج ما. ويمكن تعريف الأعمال الريادية بأنها الأشياء الفريدة التي يقوم بها الريادي ويخرجها إلى حيز الوجود، أو بمعنى آخر النتاجـات الريادية المتحققـة، حيـث أن النتاجـات الرياديـة المتحققة ما هي إلا كم من المدخلات التي تنبثق عن الريادي سواءً كان الريادي شخص أو جماعـة أو مؤسسة ثم تمر هذه المدخلات في بوتقة العمليات ليصـار إلى معالجتهـا ثـم إخراجهـا إلى حيـز الوجود كمنتج نهائي، وهذا المنتج النهائي هو بمثابة العمل الريادي. ولا شـك أن مخرجـات الأعمال الريادية مرتبطة نظمياً بعناصر العمليات والعناصر الداخلة وان أي خلل في ذلك يـؤثر عـلى المخرجات لأن مـا يميز الأعمال الريادية عن غيرها هو امتلاكها صفة التميز والتفرد وإضافة القيمة.

وقد بين (Wickham,2001:223) كما هو مبين في الشكل رقم (1 – 5) أربعة أنواع رئيسية من الأعمال الريادية الناتجة عن الريادة وهي:

الشكل رقم (1-5)

أنواع الأعمال الريادية

4- الإبداع الداخلي الجديد	3-الإبداع العالمي الجديد
New Insight Innovation	New World Innovation
1- الإبداع الجزئي	2- الإبداع المتخصص
Incremental Innovation	Specialized Innovation
Stablisher	New

Source: Wickham, Philip A. (2001). Strategic Entrepreneurship, Prentice all.New York.

1- الإبداع الجزئي: حيث يكون الإبداع جزئي من حيث طبيعة التكنولوجيا التي يستخدمها الريادي إلى جانب الاهتمام القليل في السوق.

2- الإبداع الجديد الداخلي: وهو الإبداع الذي يدور في فلك الوسائل التكنولوجية المتداولة أو المستخدمة في السوق مع الاهتمام الزائد.

3- الإبداع التخصصي: وهو الإبداع المتعلق باستخدام أساليب ووسائل تكنولوجية جديدة مع الاهتمام القليل في السوق ومستوى الطموح والتوسع محدود.

4- الإبداع العالمي الجديد: وهو الإبداع الذي يعتمد على تطبيق واستخدام وسائل تكنولوجية حديثه والتركيز المكثف على الأسواق والاهتمام بها.

بينما بين العتيبي (www.arabschool.org) ثلاثة أنواع من الأعمال الريادية التي يقوم بها الريادي وهي:

1- الأعمال الريادية البحتة: وهي الأعمال التي يعتمد فيها الريادي على نقل الفكرة الجديدة إلى منتج جديد ويقوم بإنشاء عمل جديد في السوق. حيث

يتطلب هذا العمل الريادي الكثير من الجهود والإبداع والقدرة على تحليل متطلبات واتجاهات الأسواق.

2- **الأعمال الريادية المطورة** من أفكار ومعلومات وتكنولوجيا موجودة، ويعني هذا عملية توظيف التكنولوجيا المطورة لأغراض تخصصية في أعمال ومجالات أخرى مختلفة كما حدث في أبحاث الفضاء الأمريكي من تطبيقات للعديد من التكنولوجيا الفضائية في المجالات الخدمية مثل استخدام تقنيات الاستشعار عن بعد في التخطيط التنموي.

3- **الملكية لأعمال ريادية:** وتعني عملية الشراء التي يقوم بها الريادي لمشاريع معينه قائمة دون أن يبذل جهود تأسيسية أو تغيير على وضعها القائم . ويعتبر هذا النوع من الأعمال الريادية أقل أنواع الإبداع أو الريادة لأن الحاجة إلى الإبداع والابتكار محدودة على الرغم من الجوانب الريادية التي يتمتع بها الريادي في مثل هذه الأعمال كالمخاطرة المالية والشخصية والمبادرة في اغتنام الفرص قبل غيره.

الايجابيات والسلبيات للأعمال الريادية:

Advantages and Disadvantages of Entrepreneurship Fields

☐ تتمثل الايجابيات للإعمال الريادية بما يلي:

1- التحرر والاستقلالية في العمل.

2- مواجهة التحديات والمصاعب والشعور بالانجاز.

3- تحقيق السيطرة المالية والاستقلال المالي.

☐ أما السلبيات التي تواجه الأعمال الريادية والرياديين فهي:

1- الأعباء الكبيرة والمسؤوليات التي تواجه الريادي الأمر الذي يتطلب الدقة في العمل والحذر من الوقوع في الأخطاء.

2- ضخامة التضحيات التي يقدمها الريادي كالوقت والجهد والمال.

الريادة الإستراتيجية: Strategic of Entrepreneurship

لقد سبق وان تناولنا مفهوم الريادة، أما الاستراتيجة فقد عرفت بأنها تجاه وهدف المنظمة طويل المدى سعيا لتحقيق الامتيازات من خلال مراعاة الموارد المتاحة والتغيرات البيئية لتلبي رغبات وتوقعات أصحاب المصالح (Johnson & Schole,2001:10).
وبما أن مفهوم الإستراتيجية هو هكذا كما أوردناه أعلاه، إذن فإن مفهوم الريادة الإستراتيجية بمفرداتها المتلاحقة تعني نفس المفهوم أعلاه، إلا أن تركيزها أي الريادة الإستراتيجية ينصب على الريادة من حيث أهدافها وخصائصها ودعائمها المختلفة التي يجب أن يراعيها الريادي على المدى البعيد ويراعي أيضا الموارد والتغيرات البيئية المختلفة لتحقيق أهدافه المرجوة والحفاظ على ديمومته وتفرده في السوق.

أما إستراتيجية الريادة يمكن أن نعرفها بأنها عبارة عن مجموعة مختلفة من النشاطات الداعمة التي يمارسها الريادي من أجل الوصول إلى تحقيق أهدافه على المدى البعيد وبتميز.

وسوف نبرز فيما يلي بعض أهم النشاطات الداعمة التي تستخدم في استراتيجيات الريادة للوصول إلى الأعمال الريادية وكما أبرزتها بعض أدبيات الفكر الإداري والباحثين في هذا المجال وهي كالتالي:

1- اختيار الكوادر البشرية الكفوءة والمؤهلة للتعين وإخضاعهم لبرامج تدريبية مكثفة كلاً حسب اختصاصه ووضع الشخص المناسب في المكان المناسب، وتوفير الحوافز بما ينسجم مع أداءهم وانجازهم الفردي (Baron & Kreps, 2000:10).

2- تبني الأفكار الإبداعية وامتلاك روح المخاطرة والتمكن من اتخاذ قرار الابتكار،أي التطبيق لاغتنام الفرص بالسرعة الممكنة قبل أن يغتنمها الآخرين، بالإضافة إلى مواكبة عملية التغير في الأنظمة والقوانين وتوفير

الموارد وتطبيق الحوافز الملائمة، واختيار الموظفين الأكفاء وغرس الثقافة التنظيمية في العمـل المؤسسي.(Wickham,2001:44)

3- استخدام أسلوب المشاركة في اتخاذ القرار بين المستويات الإدارية المختلفة في المنظمة وتطبيق أنظمـة إدارية فعاله مبنية على التخطيط السـليم واستخدام أسـاليب الضبط والرقابة الفعالة بشكل مستمر. (Dale,2000:18)

4- توفير الرؤية الريادية وتبني الأفكار الإبداعية مـن قبـل الإدارات العليـا وغـرس الثقافة التنظيميـة، واستخدام أسـاليب المشاركة وفرق العمل المتخصصـة، واستخدام أسـاليب الحفـز والتعـويض والمكافآت، بالإضافة إلى ضرورة تبني التجديد والتغير بما ينسجم مع حاجات وتوقعـات أصحـاب المصالح. (Kuratko & Hodgetts,2001:6)

5- تبني مواكبة التغير وقبول المخاطر واكتساب المعارف والخبرات والتعلم (Hitt et al, 2001:110) .

6- تبني الإبداع والابتكار، وإجراء التحسـينات المسـتمرة وعـدم الرضـوخ للأعمال الروتينيـة، واستثمار التكنولوجيا الحديثة ومواكبة التطورات.

7- استخدام أساليب البحث والدراسة للسوق بشكل مستمر لكشف الفرص واغتنامهـا، وتـوفير كافـة المواد اللازمة، وتبني المبـدعين وأصحـاب العقـول الموهوبـة، وتـوفير فـرص التـدريب والتطويـر المتواصل للعاملين (Morris, 2000: 14)

بينما توصل السكارنه من خلال الدراسة الميدانية التي قام بها على شركات الاتصالات في الأردن عام 2005 إلى خمسة دعائم لاستراتيجيات الريادة وهي:

أ- **الإبداع** : وتعني قيادة البحث والتطوير، واستخدام طرق إنتاج جديدة، وتغيرات في الإنتاج وتقديم منتجات وخدمات جديدة.

ب-   **الابتكار:** وتعني أفكار جديدة، وتطوير السلع والخدمات، وتطبيق ثقافـة تنظيميـة وهيكـل تنظيمي، واستخدام أسلوب الرقابة وإدارة الأعمال والموارد البشرية بفاعلية.

ج-   **التفرد والتميز:** ويعني الإتيان بطـرق ومنتجـات وخـدمات جديـدة وتـوفير المـوارد البشـرية والمالية والتكنولوجية الكفؤه واستخدام الوسائل أو الأساليب الكفؤه أيضا لإيصـال الخدمـة للزبائن.

د-   **أخذ المخاطرة:** وتعني ضرورة توفير الحماس والجرأة ونزعة المخاطرة.

ه-   **المبادأة:** وتعني اغتنام الفرص في تقديم الطرق الجديدة للإنتاج والخدمات، والقيام بـأعمال تنافسيه من اجل مواجهة المنظمات المنافسة، وكيفية تحصـين الموقـع التنافسيـ للاستمرارية والاستجابة لتغيرات السوق. والشكل التالي رقم (5-2) يوضح استراتيجيات الريادة وأبعادها.

الشكل رقم (5-2)
استراتيجيات الريادة وأبعادها

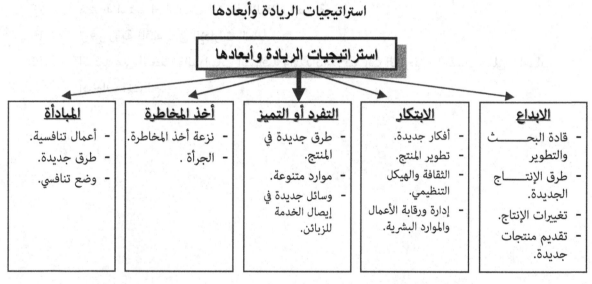

اعداد: اباحث بالاستناد إلى السكارنة، بلال (2008)، الريادة وإدارة منظمات الأعمال، الطبعة الأولى، عمان، دار المسيرة للنشر والتوزيع.

بناء على ذلك يرى المؤلف أن هناك توافق وانسجام إلى حـد كبـير بـين مـا أورده رواد الفكـر الإداري حول دعائم استراتيجيات الريادة. وحتى يتم التسهيل على القارئ وعدم تشتيت أفكاره فـأنني اقترح أن يتم تلخيص أو توحيد ما تناوله أولئك الرواد أو الباحثين لدعائم استراتيجيات الريادة كما يلي:

1- قبول المخاطر والأخذ بها.

2- اختيار الكوادر البشرية المؤهلة للتعيين ووضع الموظف المناسب في المكان المناسب.

3- توفير البرامج التدريبية للعاملين

4- تبني المبدعين وما يحملوه من أفكار إبداعية.

5- تفعيل مبدأ المشاركة ما بين الرئيس والمرؤوس.

6- استخدام أسلوب الحوافز والمكافآت العادلة بما يتوافق مع مستوى الأداء الفردي.

7- تبني عملية التحديث والتغير والتطور ومواكبة التكنولوجيا.

8- غرس الثقافة التنظيمية في العمل المؤسسي وبين العاملين .

9- متابعة استخدام أساليب الضبط والرقابة الفعالة.

10- توفير رؤية ثاقبة لدى الإدارات العليا.

11- التركيز على البحث والدراسات السوقية والميدانية لاكتشاف الفـرص والوقـوف عـلى حاجـات أصحاب المصالح.

أسئلة للمراجعة/ الفصل الخامس

اولاً: اجب عن الأسئلة التالية:

1- وضح العلاقة بين الإبداع والريادة

2- عرف الريادة ثم اذكر خصائصها.

3- عرف الريادة الاستراتيجة وصاحب أهم النشاطات الداعمة التي تستخدم في استراتيجيات الريادة؟

الفصل السادس

التنظيم والإبداع

Organizing and Innovation

ويتضمن هذا الفصل المحتويات التالية:

مفهوم التنظيم.

أنواع التنظيم

أولاً: التنظيم الرسمي

1-التنظيم العمودي أو الرأسي

2-التنظيم التنفيذي الإستشاري

3-التنظيم الوظيفي

ثانياً: التنظيم غير الرسمي

مبادئ رئيسية في التنظيم

العناصر التنظيمية

فوائد التنظيم

أسئلة للمراجعة

الفصل السادس
التنظيم والإبداع
Organizing and Innovation

مفهوم التنظيم: Concept of Organizing

يمكن القول أن التنظيم نشاط ليس حديث وإنما قديم قدم التاريخ الإنساني، حيث انطلق الإنسان للعمل مع الآخرين من أجل الوصول إلى أهداف مشتركه، وقد عمل في البداية من خلال أسرته ثم قبيلته ثم من خلال تجمعات أخرى. وخير مثال على ذلك هو ما حققه بعض الأقوام السابقة من نجاحات مختلفة في ميادين البناء والعمران كبناء المعابد والقصور الضخمة والأهرامات والقلاع، وبناء السفن، وما تم وضعه أيضا من أنظمة مختلفة كالنظم الحكومية والحربية والصناعية والتجارية والزراعية والاقتصادية من خلال استخدام الطرق والتكنولوجيات البسيطة معتمدين على أساليبهم التنظيمية والجهود المشتركة.

ويرى (French, et al., 1985:34) أن الجانب التنظيمي يعتبر من الجوانب المهمة ليس في واقع الحياة البشرية فحسب، وإنما في واقع المخلوقات الحية التي خلقها الله سبحانه وتعالى لأنه يشكل ركناً من أركان الحياة التي يستنبط منه الآخر عنصر الاتحاد والقوة على الرغم من احتمالية وجود بعض الحالات الشاذة، إلا أنه في الأغلب يصعب على المرء أن يعيش منعزلاً عن الآخرين دون أن يكون له انتماء أو ارتباط مع تنظيمات أخرى. فارتباط الإنسان مع التنظيمات تبدأ بالفطرة منذ الولادة ويتواصل في تعامله مع مختلف التنظيمات إلى أن ينتهي ويموت كالتنظيمات الأسرية والمدرسية والدينية والنوادي والجامعات والنقابات والاتحادات والجمعيات وغيرها. ونتيجة لازدياد حجم المجتمعات والانتشار الديموغرافي وكثرة الشعوب في شتى أنحاء العالم مما أدى ذلك إلى أن انعكس أيضا على زيادة عدد التنظيمات واتساع حجمها. وقد بين أيضا (French, et al, 1985:34) إلى أن الناس في الغالب

ترتبط بشكل اعتيادي مع تنظيمات مختلفة في التشكيل من حيث الدور والمهام الوظيفية التي تقوم بها للوصول إلى أهداف معينة، وعلى الرغم من هذه المعرفة للناس لتلك الوظائف والأدوار، إلا أن الباحثين لم يستطيعوا من وضع تعريف شامل لمفهوم التنظيم، مما يستدعي الأمر منا إلى عرض مجموعة من التعريفات التي تناولت هذا الموضوع. حيث عرف (Brown & Harvey, 2006:40) التنظيم بأنه نظام يتداخل فيه مجموعة من الأطراف ذات العلاقة التي تهدف إلى عملية تنسيق الجهود بينهم بهدف تحقيق أهداف معينة. أما (Child, 2005: 6) عرف التنظيم بأنه عبارة عن عملية تنظيمية لمجموعة من الجهود الفردية بهدف تحقيق أهداف محددة عن طريق مهام وأدوار موزعة بين العاملين أو الأفراد المشمولين في التنظيم.

وعرف (Jones, 1998: 4) التنظيم بأنه عبارة عن أداة يقوم من خلالها مجموعة من الناس بالتنسيق مع بعضهم البعض في أعمال معينة من أجل تحقيق أهداف في أنفسهم. وعرف (Challahan, et al, 1986:316) التنظيم بأنه عبارة عن مجموعة من العلاقات الرسمية التي تنشأ بين مجموعة من الأفراد الذين يتم تشكيلهم من المنظمة ليقوموا بمجموعة محدده من الأعمال والأنشطة الموكلة إليهم وتقديمها للسلطة الأعلى حال الانتهاء منها. أما (Buchanan & Huczynski,2004: 5) فقد عرف التنظيم على أنه ترتيب اجتماعي يعمل على ضبط مجموعة من العمليات لتحقيق الأهداف المعينة. أما الصرايرة وعايش (1995: 129) فقد بينا أن التنظيم هو نظام يمكن أن يكون مفتوحاً أو مغلقاً، على أساس أن النظام المفتوح يتميز بحدوده المرنة التي تسمح بالتفاعل مع المحيط، وبذلك يكون بناؤه ووظيفته وسلوكه قابلة للتغيير المستمر. أما النظام المغلق فقد أكد الصرايره وعايش بأنه يتميز بحدود ثابتة وجامدة لا تسمح بالاتصال بالمحيط، وذلك يكون بناؤه ووظيفته وسلوكه مستقراً نسبياً ويمكن التنبؤ به.

بالرغم من تعدد التعريفات التي أوردها الكتاب والمفكرون للتنظيم إلا أن معظم هذه التعريفات تشترك في عناصر ومؤثرات معينه لا بد من توافرها في أي تنظيم مثل ضرورة أن يكون للتنظيم هدف محدد ومتعارف عليه، إضافة إلى وجود نشاطات لازمة لتحقيق هذه الأهداف، ووجود أفراد عاملين مؤهلين للتمكن من القيام بهذه الأعمال مع ضرورة توافر لمبادئ المهمة في التنظيم مثل التخصص، وتقسيم العمل، والإشراف، والتوجيه ووحدة الأمر واللامركزية والتفويض .

وتأسيساً على ما تقدم يمكن أن نعرف التنظيم على انه نظام مبني على العلاقات أو النشاطات المتبادلة بين مجموعة من الأفراد والتي تقوم بجهود منظمة وموجهة من أجل الإتيان بشي- مبتكر أو جديد للوصول إلى تحقيق هدف معين.

والتنظيمات المؤسسية في واقعها العملي قد تضم أصحاب مصالح من خارج المنظمة وتكون أكثر تركيزاً على القيام بجهود موجهة ومنظمة ومشتركة بينهم وذلك لتحقيق هدف معين يتعلق في مصالحهم التنظيمية المشتركة (Jones, 1998 :12). ويرى أيضا قولدهيبر **Goldhaber** بأن التنظيمات المؤسسية تتميز من حيث تواصلها المستمر مع محيطها بطريقة تأخذ شكل المدخلات والعمليات التحويلية والمخرجات والتغذية الراجعة، ويرى ايضاً بأن التنظيم لا يمكن أن يستمر في أداء وظيفته دون إحداث تغيرات في بنائه وأهدافه ووظيفته من حين لآخر. (الصرايره، وعايش 1995: 129).

أنواع التنظيم: Types Of Organizing

النوع الأول: التنظيم الرسمي: Formal Organizing

ويعني التنظيم الذي يمثل علاقات مرغوبة من قبل إدارة المنظمة ويتم إنشاؤه من أجل تحقيق هدف معين، ويشترط في هذا التنظيم ضرورة توفير آلية تنسيق بين الإدارة والأعضاء والنشاطات الموكلة إليهم، وهي أقرب ما تكون إلى البيروقراطية كما يشير إليها البعض، وذلك من حيث ما تمتاز به البيروقراطية (Bureaucracy) بالعلاقات الوظيفية بين مواقع السلطات المختلفة إلى جانب إتباع وتطبيق مجموعة من الأنظمة والتعليمات والقواعد التي كانت قد استخدمت في الأصل من أجل استخدامها كأداة لتسهيل العمل ولتحقيق الأهداف من خلالها. ويعتبر العالم ماكس ويبر Max Weber هو صاحب فكرة التنظيمات البيروقراطية والتي اعتبرها ذات ميزة للمنظمات على الرغم من بعض المعيقات الناتجة عن تطبيق البيروقراطية, إلا أنه يرى أن تطبيقها يساعد في إطالة فترة البقاء للمنظمات والبنية التنظيمية وقواعد العمل على الرغم من اختلاف الأفراد القائمين على العملية التنظيمية في المنظمات (Challahan, et al., 1986:311).

ويتفرع عن **التنظيم الرسمي** كما بينها (درة, وآخرون 2002: 109) مجموعة من الأشكال وهي:

1- التنظيم العمودي أو الرأسي: Vertical Organizing

يطلق على هذا النوع من التنظيم أيضا بالتنظيم التنفيذي أو الخطي نظراً لانسياب الأوامر من أعلى إلى أسفل، أي أن يقوم من هو في المستوى الوظيفي الأعلى بإصدار أوامره وتعليماته للمستويات الوظيفية التي تكون أدنى منه من أجل تنفيذها، والشكل الثاني رقم (1-6) يوضح مستويات العلاقة والاتصال مع المستوى الآخر.

الشكل رقم (6-1)
مستويات العلاقة والاتصال مع المستويات الأخرى في التنظيم الرأسي

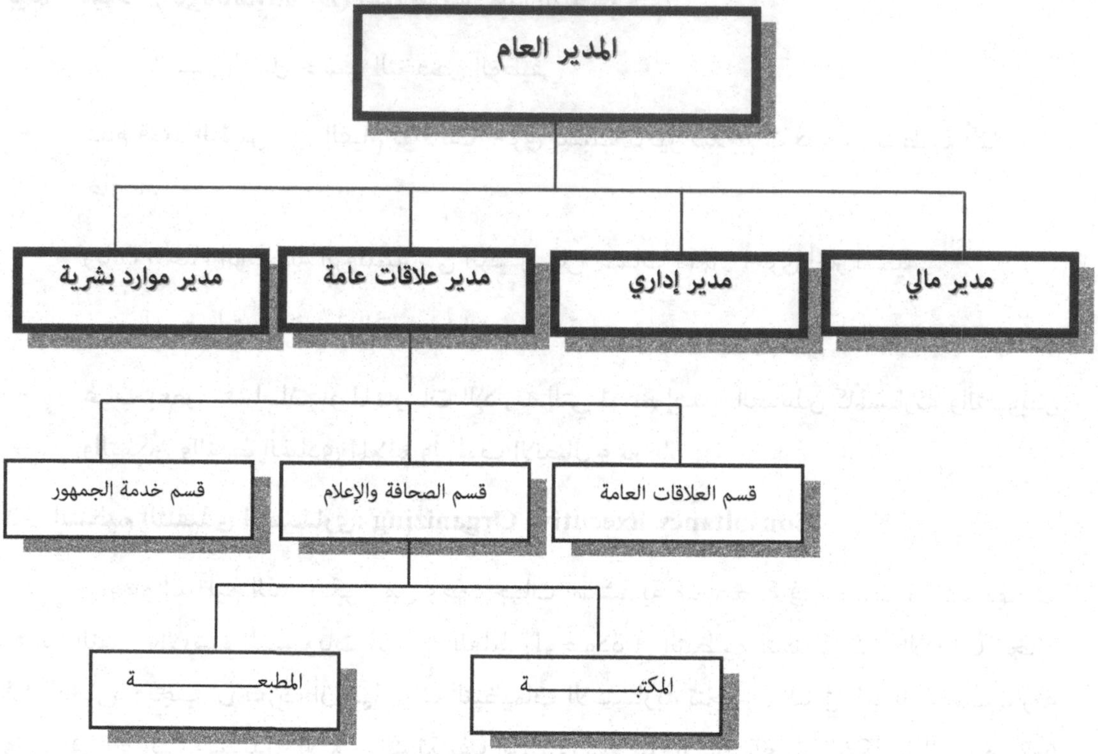

```
                    ┌─────────────────────┐
                    │    المدير العام      │
                    └─────────────────────┘
                              │
     ┌────────────┬───────────┴────────┬──────────────┐
┌──────────┐ ┌──────────┐      ┌──────────┐    ┌──────────┐
│مدير موارد│ │مدير علاقات│      │مدير إداري │    │مدير مالي │
│  بشرية   │ │   عامة    │      │          │    │          │
└──────────┘ └──────────┘      └──────────┘    └──────────┘
                  │
     ┌────────────┼────────────┐
┌──────────┐ ┌──────────┐ ┌──────────┐
│قسم خدمة  │ │قسم الصحافة│ │قسم العلاقات│
│ الجمهور  │ │ والإعلام  │ │  العامة   │
└──────────┘ └──────────┘ └──────────┘
                  │
     ┌────────────┴────────────┐
┌──────────┐          ┌──────────┐
│ المطبعة  │          │ المكتبة  │
└──────────┘          └──────────┘
```

ويبرز بهذا الشكل من التنظيم مجموعة الايجابيات والسلبيات التي ينظر إليها البعض، ونبين فيما يلي كلاً منها:

الايجابيات: (Advantages)

- البساطة والوضوح وملاءمة تطبيقه في المنظمات الصغيرة

- الإشراف المباشر لكل مدير على وحدته التنظيمية وعلى مرؤوسيه

- وحدة مسؤولية المدير عن تنفيذ مهام معينه تتعلق بالوحدة التي يشرف عليها

- وحدة إصدار الأوامر

- ملائم للتنظيمات التي يتميز عملها بالروتين والتكرار

- السرعة في اتخاذ القرار من قبل المدير كونها تتميز بالمركزية

- سهولة عملية الضبط والمتابعة والرقابة

بينما العيوب (Disadvantages) التي تواجه هذا التنظيم فهي:

- غياب تقسيم العمل حسب التخصص الوظيفي

- عدم قدرة الرئيس على القيام بوظائف أخرى بسبب تركيز صلاحيات داخل التنظيم أكثر من خارجه.

- زيادة الأعباء الوظيفية الروتينية على الرئيس على حساب أعمال أخرى أكثر أهمية.

- حصر المستويات الوظيفية الأقل بمهارات محددة.

- غياب بعض النشاطات أو الممارسات الإدارية التي تدعم إبداع العاملين كالمشاركة والتفويض والتمكين والنمط القيادي الملائم وأسلوب الاتصال وغيرها.

2- **التنظيم التنفيذي الاستشاري: Consultancy Executive Organizing**

وهو التنظيم الذي يتكون من وجود جهات استشارية متخصصة في جوانب معينه بهدف تقديم النصح والإرشاد للمستويات الإدارية العليا، الموجودة في التنظيم لتجنب تلك الإدارات اتخاذ قرار خاطئ، ويجب أن تعرف أن مهام تلك التنظيمات الاستشارية تنحصر غالباً في الجوانب الاستشارية وليس في الجوانب التنفيذية إلا في حالة تكليف استثنائي من قبل الإدارة العليا والشكل التالي رقم (2-6) يوضح مستويات العلاقة والاتصال مع المستويات الوظيفية الأخرى.

الشكل رقم (2-6)
مستويات العلاقة والاتصال مع المستويات الوظيفية الأخرى
في التنظيم التنفيذي الاستشاري

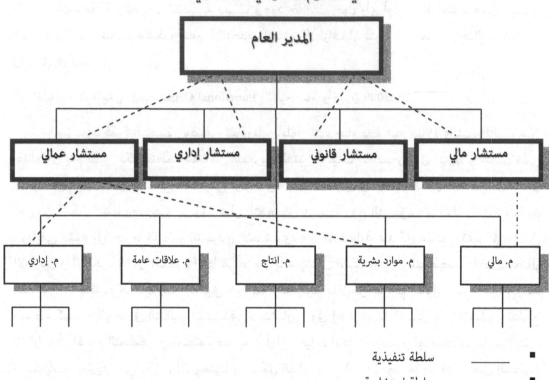

ويواجه هـذا الشـكل التنظيمـي مجموعـة مـن الايجابيـات والتـي مـن أهمهـا انـه يناسـب التنظيمات الكبيرة التي يتشعب حجم أعمالها وتخصصاتها وذلك مـن خـلال تـوفير تنظيم استشاري يقدم النصح والإرشاد والمعلومة الصحيحة للإدارات التنفيذية العليا ليتمكنوا من اتخاذ قراراتهم بدقة. كما يتميز هذا التنظيم بوحدة إصدار الأمر الذي يساعد على إبراز وحدة الهـدف والوضـوح في الرؤيـا من قبل الجانبين الرئيس والمرؤوس.

أما أهم العيوب التي تبرز في الشكل التنظيمي هو احتمالية إحداث صراعات تنظيمية بين الجهات الاستشارية والجهات التنفيذية بسبب وجود خلافات حول رأي أو فكر أو اعتقاد معين بينهم. كما يواجه هذا التنظيم مشكله صعوبة التحديد المباشر للأطراف المسئولة عن تحقيق حالات النجاح والفشل في المنظمة.

3- التنظيم الوظيفي: Functional Organizing (الشيخ سالم وآخرون 2009: 138)

تعود فكرة التنظيم الوظيفي لفردريك تايلور التي جاء بها عام 1903 والتي طالب من خلالها أن يتم تعيين لكل منظمة عدد من المديرين الفنيين بحيث يتخصص كل منهم في عمل فني متميز عن عمل الآخر. والتنظيم الوظيفي يركز على مبدأ التخصص في تقسيم العمل أكثر من أي شكل آخر من أشكال التنظيم، وهو يساعد على التخصص وتنمية روح الفريق، وأنه وان كان التنظيم الوظيفي يشبه إلى حد ما التنظيم التنفيذي الاستشاري، وان المسؤولية عند كل مستوى تقع على عاتق الإداريين والمنفذين، إلا أن التنظيم الوظيفي يتميز بأنه يشمل الاستشاريين والمتخصصين داخل المجال التنفيذي بما يمكنهم من ممارسة وتطبيق خبراتهم ومعارفهم بدلاً من بقائهم بشكل كلي خارج خط السلطة كما هو الواقع في التنظيم التنفيذي الاستشاري. وفي إطار هذا الشكل من التنظيم تصبح الإدارات أو أقسام التخصص في المنظمة مسئووله أمام القيادة الإدارية ويصبح لها سلطات تمارسها على المستويات الإدارية التي تكون أقل منها والشكل التالي رقم (3-6) يوضح طبيعة عمل التنظيم الوظيفي وعلاقته بالمستويات الوظيفية الأخرى.

الشكل رقم (6-3)
مستويات العلاقة والاتصال مع المستويات الوظيفية الأخرى في التنظيم الوظيفي

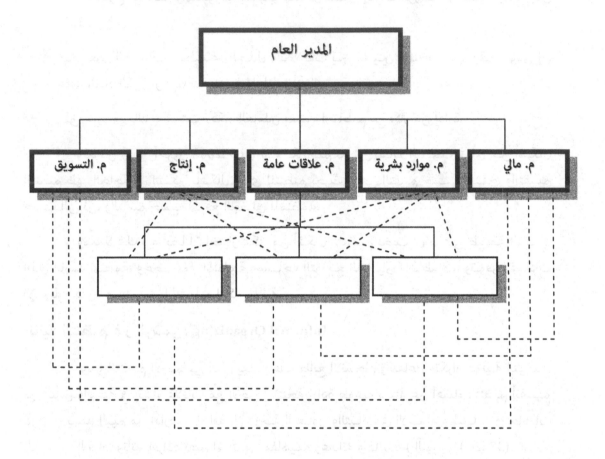

ومن ايجابيات التنظيم الوظيفي ما يلي :-

- استخدام الخبراء والمتخصصين ورفد المنظمة بالمعارف المختلفة من مصادرها

- تنمية روح التعاون بين العاملين في المنظمة

- تمكين الإدارة العليا من الحصول على مساعده علمية وفنية تساعده في حل المشاكل واتخاذ القرارات بكفاءة وفاعلية

- تقسيم العمل على أساس التخصص

- إكساب المنظمة بمعارف ومهارات جديدة

أما العيوب التي تواجه هذا التنظيم تتلخص بما يلي:-

- عدم وضوح السلطة والمسؤولية بسبب تداخل نطاق إشراف الرؤساء والفنيين والإداريين والتنفيذيين.
- خلق بعض الصراعات التنظيمية والجدل والخلافات بين الفنيين والمتخصصين، وقد تؤدي إلى إعاقة اتخاذ القرار أو البطء في تنفيذ المهام والأعمال.
- خلق حيره وإرباك أو تشتت لأفكار العاملين بسبب ارتباطهم مع أكثر من إدارة.

وقد بين (دره وآخرون 2002: 165) أنه لكي يتم تجاوز نقاط الضعف في أي من أشكال التنظيم ظهر الحاجة إلى التفكير بأشكال أخرى للتنظيم بحيث تراعي التقييم حسب المنتج، والتقييم حسب الزبائن، والتقييم حسب الموقع الجغرافي للمنظمة.

ومما لا شك فيه أيضا أن اختيار شكل من أشكال التنظيم يجب أن يراعي طبيعة النشاط الذي تمارسه المنظمة، وحجم عمل المنظمة ومساحة التوزيع الجغرافي المناط بها، وتوفر القيادات الإدارية الكفوه ومدى تبنيها للتنظيم الأكثر ملائمة.

ثانياً: التنظيم غير الرسمي: Informal Organizing

وهو التنظيم الاجتماعي الذي يغلب عليه طابع الانسجام والتفاعل وتكرار عملية التواصل بين الناس والرغبة في إنشاء علاقات مع الآخرين نتيجة إرادة طوعيه ناشئة عن أعضاء التنظيم أنفسهم دون أن يسند إليهم من إدارة، بالإضافة إلى درجة التعاون والتبادل في الاحترام والمشاعر واتجاهات التأثير بين الأفراد، وتأثير أفراده بقيم المجتمع ومفاهيمه وعاداته وتقاليده (اللوزي،2007: 37).

وتجدر الإشارة هنا إلى أن الإبداع يعتبر من الأمور الحيوية للسلوك التنظيمي، على اعتبار أنه كلما اتسع الحجم التنظيمي في المنظمات، كلما زاد مستوى التعامل والتعقيد مع هذه الأوجه من قبل التنظيمات المؤسسية، وأصبح يتطلب جهداً إضافيا منها للتعامل مع حيثيات الواقع مع كافة الأنشطة والأعمال المؤسسية وخاصة تلك المتعلقة بأمور الإبداع على اعتبار أنه من الأنشطة الحساسة المكبوتة في الذات البشرية والتي قد تزول وتندثر أو تبقى كامنة في المخزون الفكري لدى الأفراد إذا ما تم استثمارها بطريقة كفؤه وموجهة من قبل القائمين على التنظيم، مما قد يؤدي في النهاية إلى انعكاس لسلبي على المنظور الكلي لأداء المنظمة وإخفاقها في تحقيق الأهداف المرجوة. وكذلك الحال فيما يتعلق بالممارسات الإدارية والمحركات الإبداعية، فان عدم تطبيق أو استخدام الأدوات أو الأساليب الإدارية اللازمة تجاه العاملين لبث عنصر التحفيز لديهم أثناء قيامهم بأدائهم الوظيفي قد يؤدي إلى تدني مستوى تحقيق الأهداف التنظيمية للمنظمات. ومن هذا المنطلق تبرز أهمية دور التنظيم المؤسسي في استخدام وتطبيق أدوات وأساليب إدارية داخل التنظيم كأدوات تساهم في تفجير المخزون الفكري والطاقات الإبداعية لدى العاملين في المنظمة وإعطاءهم فرص التجديد في الأداء واثبات الذات لمواكبة عملية النمو والتطور للأفراد والمؤسسة على السواء.

ويعتقد الباحث أنه يستحق هنا إبراز الدور الذي لعبته التنظيمات في ميادين الإدارة ابتداءً من فكرة التنظيم الوظيفي التي طورها فريدريك تايلور (**Taylor**) في حقبة المدرسة الكلاسيكية ومروراً بتنظيم التون مايو وزملاءه (**Mayo**) الذين انطلقوا من خلال تنظيمهم بدراسات هوثورن (**The Howthorne Studies**) خلال الفترة من 1927-1932 وأضافوا نتاجاً فكرياً قيماً في حركة العلاقات الإنسانية المنبثقة من المدرسة السلوكية, وانتهاءً بالتنظيمات المختلفة التي استخدمت في المدرسة اليابانية بهدف التحسين والتطوير مثل نظام الرنجي (**Ringi**) ونظام الكايزن (**Kaizen**) وحلقات الجودة (**Quality Circles**) التي ما زالت مضرب

الأمثال في واقع حياتنا العلمية والعملية ونموذج الإدارات العصرية في التميـز والنجـاح, ولعبت دوراً حيوياً في سلوكيات العاملين نحو الإبداع والأداء الأفضل. وقـد كـان للمـدارس الفكريـة المختلفـة التـي ظهرت حول موضوع التنظيمات كالمدرسة الكلاسيكية والمدرسة السلوكية والمدارس الحديثة اتجاهـات مختلفـة في التركيـز عـلى العـاملين، حيـث ركزت المدرسـة الكلاسيكية كـما هـو معـروف عـلى ضرورة التخصصية في العمل وتقسيم العمل والقوى العاملة، وعـلى مسـتويات الإنتاجيـة والكفـاءة في العمـل، ومستويات السلطة والسيطرة. وأما المدرسة السلوكية فقد أكدت على أدوار وفاعلية التنظيمات، وعـلى اتجاهاتهم وحاجاتهم النفسية والاجتماعية وعلاقـاتهم غـير الرسـمية داخل التنظيـم كـأدوات داعمـة لعنصر الإبداع لديهم. أما المدارس الحديثة فقد ركزت على مواضيع مختلفة كـأدوات محركـه للعنصر ـ الإبداعي لدى العاملين ولتحقيق الأداء الأفضل في الإنتاجية والنوعية، حيث ركزت على مواضيع تتعلـق بالإنتاجية والكفاءة إلى جانب التخطيط المسبق، وكذلك على علاقة الأجزاء بالنظام ككل وعلى عمليات تحويل المدخلات إلى مخرجات، وركزت أيضاً على ضرورة وضع الأهداف التنظيمية للمنظمة بشكل مسـبق، وضرورة تطبيـق معـايير النوعيـة والجـودة في الأداء, بالإضافة إلى ضرورة ثقافـة التميـز في المنظمات من خلال ضرورة تطبيق الأدوات لمجموعة من الأدوات والأساليب الإداريـة لتحقيـق الإبـداع كـالتركيز عـلى المشـاركة والتخصصية في العمل والوضـوح في الهيكـل التنظيمـي والثقافـة التنظيميـة للمؤسسة، وبناء العلاقات مع المستهلكين، ودعم العناصر الإبداعية وتوجيهها.

ونظـراً لتعـدد المعـارف والاتجاهـات في الدراسـات التـي تناولـت موضـوع التنظيمات، قـام الباحثون وخاصة في المدرسة السلوكية بتناولها من مداخل مختلفة في العلوم مثل مـدخل علـم النـفس وهو العلم الذي ركز على دراسة السلوك الإنساني بصفة عامة، وتفرع عن هذا العلم أيضاً العديـد مـن الفروع التي ساهمت في الفكر الإداري كعلـم النفس الاجتماعي وعلم النفس التجاري والصناعي والذي يبحث في

سلوك الإنسان مع الآخرين وأسس سلوك الجماعات وأثرها على الأفراد، وكذلك علم النفس التنظيمي الذي ركز على سلوك الإنسان في المنشأة وأثره عليها, وكذلك ركز على أثر المنشأة على سلوك الفرد والجماعة وكيف تؤثر كلاً في ذلك على الأداء العام للمؤسسات، والمدخل الثاني هو علم الاجتماع الذي ركز على دراسة الإنسان في علاقته بالبيئة التي تحيط به بعنصريها الإنساني والطبيعي، كما ركز على دراسة العلاقات الاجتماعية وتحليلها وتركيب البيئة المؤثرة في السلوك الإنساني، والمدخل الثالث هو علم دراسة الإنسان الذي ركز على دراسة السلوك البشري المكتسبة السائدة في مجتمع معين بما فيها السلوكيات الاجتماعية والأسرية التي تشكل جزء من الثقافة. (الشيخ سالم, وآخرون، 2009: 53).

مبادئ رئيسية في التنظيم: Main Basics in Organizing

من المؤكد أن التنظيم لم يتشكل لأغراض ترفيهية أو مزاجية وإنما لا بد وأن يكون له أهداف سامية يسعى إلى تحقيقها سواءً كان التنظيم رسمي أو غير رسمي، وأن تحقيق تلك الأهداف لا تأتي بشكل عشوائي أو ارتجالي، وإنما لا بد أن تخضع لممارسات معينه سواءً من قبل الإدارة التي تشكل التنظيم أو تحتضنه أو من قبل التنظيم نفسه اعتماداً على كافة أعضاءه ومحتوياته التنظيمية. وقد أكد اللوزي (2007 : 24) أن العمل على تحقيق أهدف التنظيم يتطلب توافر مبادئ أساسية لكي يكون عمل التنظيم فعالاً ومحققاً للأهداف التي يتشكل من أجلها، ومن تلك المبادئ الأساسية ما يلي:

1- <u>وحدة التبعية</u>: وهذا يعني لأن يكون التنظيم تابع لجهة إدارية واحدة وهي الجهة التي تقوم بتشكيل هذا التنظيم لهدف معين سواءً كانت إدارة عليا أو وسطى بحيث يتم تعامل التنظيم المطلق مع تلك الجهة من حيث تلقي أهداف تشيكل التنظيم، والأوامر والتعليمات وانتهاءً بتسليم النتائج. ومن جهة أخرى فإن وحدة التبعية تعني أيضا تبعية أعضاء التنظيم أنفسهم لقائدهم أو لرئيس التنظيم كما أفاد هنري فايول (**Fayol**) لأن كل تنظيم يفترض أن يكون

فيه القائد ، أي الشخص الذي يوجه أعضاء التنظيم وينظم شؤونهم الإدارية وعلاقاتهم التنظيمية المختلفة ولأن الفرد كجزء من التنظيم يصعب عليه أن يتعامل مع أكثر من رئيس في وقت واحد، وكذلك يصعب عليه أن يصدر أوامره أو تعليماته على كافة أعضاء التنظيم وتنالا الاستجابة دون وجود القائد أو الرئيس الرسمي الذي بدوره يشكل حلقة الوصل وتقريب وجهات النظر ونقل المعلومة بين كافة أعضاء التنظيم بسهولة.

-2 **وحدة الهدف للتنظيم**: وتعني أن تكون أهداف التنظيم موجودة سواء أكان التنظيم رسمي أو غير رسمي، أي إذا كان التنظيم رسمي يجب على الجهة التي شكلت التنظيم أن تكون أهدافها موحدة وواضحة دون أن يكون فيها لبس أو غموض، ويجب على تلك الجهة أن تكون قادرة على نقل وتوصيل أهدافها للتنظيم المكلف بتحقيق ذلك الهدف، بحيث يصبح جزء رئيسي من ثقافة التنظيم للتمكن من الوصول إلى الهدف بكفاءة وفاعلية. وكذلك ينطبق على التنظيم غير الرسمي الذي يجب أيضا أن يكونوا كافة أعضاءه متوحدين ومتناغمين في الهدف كتناغم أصابع العازف مع أوتار القيتاره التي يشتد طربها كلما تناغمت مع اللحن والكلمة، وان يسعى كل طرف في التنظيم أن يحقق الهدف الرئيسي- الذي يتشكل من أجله التنظيم بعيداً عن أهداف المصالح الشخصية أو الأحادية المنفردة.

-3 **تقسيم العمل والتخصص به**: ويعني أن يتم تقسيم الأعمال بين أعضاء التنظيم بشكل عادل ومنصف وان يراعى فيها الاهتمام والرغبة والكفاءة والمؤهل والتخصصية. حيث يجب علينا أن نعرف أن مسؤولية هذا الجانب تقع على عاتق جهتين حيث الجهة الأولى هي الجهة التي شكلت التنظيم، بحيث يجب عليها أن تراعي الكفاءة والمؤهل والتخصصية عند اختيار تنظيم معين كلاً حسب حجم الأعباء وتعقيداتها بعيداً عن المحاباة والتحيز لأي طرف من أطراف التنظيم حتى يتمكن من تحقيق الأهداف بكفاءة وفاعلية. أما الجهة

الثانية فهي جهة قائد التنظيم أو رئيسه بحيث يجب عليه أن يراعي أيضا اهتمامات وقدرات ورغبات ومؤهلات واختصاصات أعضاء فريقه، وان يعطي أو يوزع المهام عليهم بعدالة دون تحيز.

4- **تقويض السلطة**: وتعني أن لا يكون هناك مركزية السلطة والمسئولة أي يجب أن تتحقق لامركزية السلطة والمسئولة، بحيث يجب أن تفوض إلى المستويات الإدارية المختلفة المسئولة عن التنفيذ لتتمكن من ممارسة مهامها دون عوائق ولتتمكن من اتخاذ القرارات وتحقيق أهداف التنظيم طالما أنها هي الجهة المسئولة في النهاية عن النتائج، لأن مركزية السلطة تعني تحجيم عمل الآخرين، وبالتالي فإن ذلك يؤدي إلى خلق كثير من العقبات أمامهم مثل تجميد الخبرات والكفاءات وصعوبة نقل المعلومات، وحصر الاتصال مع الآخرين وضعف العلاقة والثقة بينهم، وضعف الولاء والانتماء، بالإضافة إلى ضياع الأطراف الرئيسية المسئولة عن تحقيق الهدف.

5- **رسم سياسة عمل فعالة**: وتعني كما أفاد (الشيخ سالم وآخرون 2009: 78) تحديد الإطار العام بشكل مكتوب أو لفظي والذي يوجه تفكير العاملين في اتخاذ القرارات في مختلف جوانب عمل التنظيم بما يتناسب مع تحقيق الأهداف. وهذا يستدعي الجهة التي تشكل التنظيم أو قائد التنظيم أن يضع سياسات عمل واضحة معلنة لجميع الأعضاء لكي تكون بمثابة الخارطة أو مسار العمل لهم، ولتوضح حقوقهم تجاه إداراتهم أو الجهات المسئولة عنهم، وكذلك واجباتهم تجاه أصحاب المصالح المختلفة كالإدارة العليا أو الوسطى أو المجتمع أو الزبائن وغيرهم.

6- **تحديد المسؤوليات بوضوح**: وهذا الاعتبار يرتبط إلى حد كبير بسالفة ولكن يتميز بضرورة كتابة وتوثيق المسؤوليات الذي يعني بيان مسؤوليات التنظيم بدقة ووضوح لمعرفة طرق ما له وما عليه من الالتزامات. ويأتي تحديد المسؤوليات هنا أيضا من طرفين، حيث الطرف الأول يأتي من الجهة التي

تشكل التنظيم، والطرف الثاني هـو قائـد أو رئيس التنظيم، الـذي يجـب عـلى كـل مـن تلـك الأطراف أن تحدد مسؤوليات التنظيم أو أعضاءه بشكل دقيـق حتـى يكون هنـاك إمكانيـة المساءلة في حالة عدم تحقيق النتائج المطلوبة أو تباطئ طرف عـن الآخـر. كـذلك فـإن تحديـد المسؤوليات تحقق أهداف مهمة للتنظيم مثل تجنب الغمـوض عنـد بحـث المسؤوليـة وفهـم طبيعة الوظيفية والطريقة التي يجب أن تنفذ بها.

7- **التكامل الوظيفي**: ويعني تجميع الأعمال أو الوظائف المتشابهة في جهة واحدة وذلك لتجنب ازدواجيـة العمـل والأداء وتجنـب التـداخل في المهـام وأوجـه النشـاط التـي تؤديهـا الوحـدات التنظيمية المختلفة عـلى مسـتوى المنظمـة والأعضـاء عـلى مسـتوى التنظيم لأن إغفال مبـدأ التكامل الوظيفي يسبب كثيراً من الفوضى واللبس ويشتت الجهـود والأمـوال ويعيـق مسـار العمل.

8- **توازن السلطة والمسؤولية**: وهذا يعني أن المسؤولية عـن عمـل معـين يجـب أن يقابلـه سلطة كافية للتمكن من القيـام بالمسـؤولية المناطـة لأن السـلطة هـي مفتـاح نجـاح المسـؤولية، وان المسؤولية بدون سلطة لا يمكن أن تنجح أو تتحقق، لـذا فـإن تحديـد الاختصاصات يجـب أن يرافق بتحديد السلطات المناسبة لممارسة هذه الاختصاصات، لأن المـدير المسـئول عـن تحقيـق أهداف معينه يجب أن يمنح سلطات معينه حتى يتمكن مـن ممارسـة مهامـه وتحقيق الأهـداف المطلوبة منه.

9- **المرونة والبساطة**: وهذا يعني أن يكون التنظيم مرناً وبسيطاً، أي خاليـاً مـن المبالغـة والتعقيـد، وأن لا تكون محتويات التنظيم أو تشكيلاته لأغراض شخصية مثل التباهي بإظهار الانجازات أو غيرها لأن ذلك بالتالي سوف ينعكس سلبياً على المنظمة والتنظيم ويعيق تحقيق الأهداف بـدلاً من أن يكون داعماً.

10- **مبدأ التدرج أو التسلسل الوظيفي**: ويعني تسلسل السلطة من أعلى إلى أسفل في الهرم التنظيمي، وان حجم السلطة تقل كلما انخفض المستوى في الهرم الإداري، وينطلق أهمية مبدأ التدرج في توضيح العلاقة بين الرئيس والمرؤوس، وغرس مبدأ الاحترام بين المستويات الإدارية المتعاونة في المناصب والرتب الوظيفية.

11- **المدى الإداري**: ويعني نطاق الإشراف كما بينته برنوطي (2008: 275) أي أن لا يزيد عدد الأشخاص الذين يخضعون مباشره لرئيس واحد على القدر المناسب حتى يتمكن من السيطرة على مجريات الأمور بينهم والتنسيق بين جهودهم وتوجيههم بالشكل اللازم.

12- **العلاقات الإنسانية**: وتعني العلاقات الجيدة التي يجب أن تسود بين كافة أعضاء التنظيم وان يعملوا سوياً بروح الفريق ،الإخاء والتفاني كالأسرة الواحدة يعمل كل منهما بصدق وإخلاص لتحقيق أهداف التنظيم والمصلحة العامة بعيداً عن الأنانية والمصالح الشخصية.

13- **العمل الجماعي**: ويعني أن يعمل كل عضو في التنظيم بشكل متماسك مع العضو الآخر، وان يكون هدف كل عضو من الأعضاء مرآه للآخر ويعكس هدفهم المشترك وتحقيق أهداف التنظيم والمصالح العامة.

العناصر التنظيمية: Organizational Contents

على الإدارة التي تسعى إلى تشكيل تنظيم بغض النظر عن أهدافه يجب أن تراعي وجود مجموعة من العناصر التي تساعد في تشكيل التنظيم وممارسة دورة بكفاءة وفاعلية، ويمكن إبراز أهم تلك العناصر وهي (الشيخ سالم وآخرون 2009: 122)

1- أهداف المنظمة: وهي النشاطات والأعمال التي تسعى إلى تحقيقها لبلوغ أهدافها

2- الموارد البشرية العاملة في المنظمة كما ونوعاً على مختلف مستوياتهم الوظيفية وتخصصاتهم.

3- الهيكل الذي يتم من خلاله توزيع الأفراد العاملين كلاً حسب مسار عمله وارتباطاته أو علاقاته الوظيفية.

4- تحديد السلطات والمسؤوليات لكل موقع وظيفي في المنظمة

5- النظم والإجراءات والطرق والخطوات والمراحل المخططة لأداء العمال أو الأنشطة.

6- الإمكانات والموارد الأخرى في المنظمة كالموارد التكنولوجية والمعرفية والمعلوماتية والمادية والمالية.

فوائد التنظيم: Organizing Benifits

يحقق التنظيم مجموعة من الفوائد أهمها (الشيخ سالم وآخرون 2009: 122).

1- توزيع المهام والأعمال على العاملين بشكل علمي وموضوعي بعيداً عن التحيز والمحاباة الشخصية.

2- يساعد في الابتعاد عن ازدواجية الأداء أو التقارب.

3- رسم وتحديد العلاقات بين العاملين بوضوح.

4- تحديد السلطة المخول ممارستها من قبل بعض الأفراد بشكل دقيق.

5- تساعد في عملية الاستجابة للتغيرات البيئية المختلفة.

6- تساعد في عملية نقل المعلومات والقرارات والصلاحيات بمرونة.

7- تساعد في عملية التدريب والتنمية للموارد البشرية في المنظمة.

نستنتج من ذلك بأن التنظيم المؤسسي يلعب الدور الرئيسي والحيوي في إجراء التغيير على مختلف المستويات المؤسسية والفردية والجماعية بغض النظر عن الاتجاه الايجابي أو السلبي للتغيير، إلا أن الأهم هو الاعتراف أن الإبداع ما هو إلا أسلوب أو أدوات يتحكم في ضبطها أصحاب السلطات والمسؤوليات داخل التنظيم المؤسسي، وأن مستوى الأداء نحو الايجابية أو السلبية لتحقيق الإبداع داخل المنظمة يعتمد على مدى المرونة في استخدام وتطبيق تلك الأساليب كأدوات محركة لتحقيق الأفضلية، وخير مثال على ذلك هو ما أثبتته التنظيمات المؤسسية التي سبق التطرق إليها ابتداءً من المدرسة الكلاسيكية وانتهاءً بالمدارس الحديثة. حيث ما كان لهذا التطور الذي نشهده على واقع منظمات الأعمال والعاملين لولا تلك التنظيمات التي أنقذت ذلك الواقع إلى واقع جديد أفضل، وذلك من خلال استخدامها لأساليب إدارية وأدوات دعامية ساعدت في تحفيز التنظيمات على التميز في الأداء لتحقيق الأهداف المطلوبة.

أسئلة للمراجعة/ الفصل السادس

اولاً: اجب عن الأسئلة التالية:

1- لماذا يعتبر التنظيم احد الوظائف الإدارية المهمة؟

2- ما هو النظام المغلق

3- قارن بين التنظيم الرسمي وغير الرسمي من حيث المفهوم والأشكال.

4- ما هي العناصر التي يجب على الإدارات أن تراعيها عند تشكيل التنظيم؟

الفصل السابع

التغيير الإبداعي

Innovational change

ويتضمن هذا الفصل المحتويات التالية:

مفهوم التغيير الإبداعي والتغيير التنظيمي

العلاقة بين الإبداع والتغيير

الأهمية التي يشكلها التغيير الإبداعي

المحتويات التي يجب أن يراعيها التغيير لتحقيق الإبداعية

أساسيات التغيير التنظيمي

الخطوات الرئيسية لإجراء التغيير الإبداعي

الفصل السابع
التغيير الإبداعي

Innovational change

مقدمة

يعتبر التغيير من أكثر الممارسات البشرية صعوبة وتعقيداً لأن التغيير السامي هو الذي يهدف الوصول إلى الأفضل، وإلا فلا قيمة له أن لم يحقق ذلك، والوصول إلى الأفضل هو في علم الغيب لا يستطيع أحد أن يضمن تحقيقه وخاصة في ظل حياة تحدياتها التغير المستمر وعدم السكون والتقلب على الرغم من تطور العلم وإمكانية استخدام تقنياته المختلفة في الاستشراف والتنبؤات المستقبلية، ولكن عملية التغيير تتميز أنها تتطلب من القائمين عليه ضرورة استخدام وممارسة كافة الوظائف الإدارية دون استثناء ابتداءً من التخطيط الذي يهتم بوضع الخطط والإعداد والتجهيز لما يمكن أن يكون عليه الحال في المستقبل، ثم التنظيم الذي يركز على ترتيب وتنسيق كل ما تستلزم عملية التغيير من موارد وجهود وطاقات وغيرها، ثم التوجيه الذي يركز على إرشاد وتوجيه الجهود البشرية العاملة بالتغيير نحو الأهداف المرسومة وتحقيق التعاون بين كافة المستويات الإدارية، ثم الرقابة التي تركز على مواكبة قياس الأداء ومقارنة النتائج للتأكد من صحة سير الإجراءات والعمل ضمن المخطط المرسوم بهدف كشف الانحرافات ومعالجتها وتعزيز جوانب القوة، ولا ننسى وظيفة اتخاذ القرار التي تعتبر من أهم الوظائف الإدارية وهي التي تقوم باتخاذ قرار التغيير وتبنيه، وكذلك وظيفة القيادة التي تقوم بدورها قيادة الآخرين والتأثير فيهم لكي لا يقبلوا التغيير فقط، بل ليعملوا بأقصى طاقاتهم وجهودهم على تنفيذه وإنجاحه، كما تتميز عملية التغيير لتحقق النجاح بضرورة الحصول على شمولية القبول من كافة المستويات الإدارية والعمل كنظام واحد. وكذلك فإنها تتطلب كثيراً من الجهود والدراسات التحليلية للبيئة الداخلية للوقوف على جوانب القوة والضعف والفرص والتهديدات، وكذلك دراسة البيئة

الخارجيـة مـن خـلال العوامـل المختلفـة كالاقتصـادية والاجتماعيـة والثقافيـة والبيئيـة والمعرفيـة والتكنولوجية والقانونية والقوى التنافسية.

مفهوم التغيير الإبداعي والتغيير التنظيمي:

Concept of Innovational Changes and Organizational Changes

يرتبط مفهوم التغيير الإبداعي بشكل مباشر بمصطلحي الإبداع والتغيير، وهـو مسـتمد مـن هذين المصطلحين المألوفين. لكنني ارتأي أن يطلق عليها بمصطلح التغيير الإبداعي نظراً لتؤامة العلاقـة التي تربطهما من ناحية، وكذلك لما يجب أن يحققه التغيير من قيمه يستقيها من النتاج الإبـداعي, أي أنني أعني أن التغيير الإبداعي هو استجابة للنتاجات الإبداعية التي قد تـأتي مـن داخل التنظيـم أو خارجة، شريطة إن يتم تناغمها مع أهداف التنظيم وقدراته.

حيث يقصد من داخل التنظيم أي الأفكار الإبداعية التي تقدم من البيئة الداخلية للمنظمـة كالعاملين بمختلف مستوياتهم الإدارية. أما من خارج التنظيم يقصد بـه الأفكار والنتاجات الإبداعيـة التي تأتي من البيئة الخارجية للمنظمـة، أي المبـدعين مـن خارج التنظيـم كالتجـار والزبائن وقنـوات التوزيع أو غيرهم من أصحاب المصالح الخارجيين.

أما مفهوم التغيير لم يتفق الباحثون حـول تعريف واحـد لـه نظـراً لتعـدد أنواعـه كـالتغيير التنظيمي والسياسي والسلوكي والاجتماعي وغيره، وكذلك بسبب الاختلاف في مجالات البحث وأهـداف الدراسات التي تم تناولها، ولكننا نتناول في هذا الكتاب التغييـر التنظيمـي الـذي لا يختلـف كثيراً عـن باقي التعريفات الأخرى للتغيير إلا من حيث التركيز على البيئة التنظيميـة للمنظمـة والعاملين فيهـا، والدليل على ذلك فقد عرف المغربي (2004: 317) التغيير بأنه عملية التحـول مـن نقطة إلى حالة في فتره زمنية معينه إلى نقطه أو حاله أخرى في المستقبل. وعرف عـامر (1991: 51) التغييـر بأنـه تحـرك ديناميكي يتبع طرق وأساليب مستخدمه ناتجة عن

الإبداعات المادية والفكرية التي يمكن أن تحقق آمالا للبعض وأحيانا للبعض الآخر، وهو ظاهره يصعب تجنبها.

أما (Boon & Harvey 2006: 4) فقد عرف التغيير التنظيمي عملية تطوير وتحسين شمولي على أجزاء المنظمة بهدف تفعيل المنظمة ونقلها من وضع صحي إلى وضع صحي أفضل.

وقد اعتبر القريوتي (2003: 322) التغيير التنظيمي بأنه جهد شمولي مخطط يهدف إلى تغيير وتطوير العاملين عن طريق التأثير في قيمهم ومهاراتهم، وأنماط سلوكهم، وعن طريق تغيير التكنولوجيا المستقبلية، وكذلك العمليات والهياكل التنظيمية، وذلك سبيلاً لتطوير الموارد البشرية والمادية، أو تحقيق الأهداف التنظيمية أو الهدفين معاً.

بناءً على ذلك فأنني أرى أن التغيير التنظيمي مرتبط تماماً بالتغيير الإبداعي ويمكن تعريفه بأنه عبارة عن إجراءات أو تكتيكات منظمة تنفذ على أي جزء أو وضع قائم في المنظمة لنقلها من الواقع المعتاد إلى واقع أفضل مثل تحسين مستوى الأداء وتحقيق الجودة، ورفع الإنتاجية، وتغيير سلوك العاملين، وتلبية متطلبات العميل، وزيادة الحصة السوقية، والانتقال للعالمية، وترشيد النفقات، وغيرها، وغالباً يأتي التغيير استجابة للمستجدات والنتاجات الإبداعية المختلفة.

ويستحق منا الموضوع أن نبين للقارئ أن هناك تحدي آخر يواجه المنظمات وهو التغير الذي يختلف عن التغيير من حيث حدوثه العفوي والتلقائي، غير المخطط له، وإنما يحدث نتيجة التغيرات التي تطرأ أو تحدث في البيئة والمناخ مثل زيادة وعي الموظفين لظاهرة ما، وفهمها بشكل أفضل من السابق نتيجة التطور الحضاري والمعرفي والتكنولوجيا، أو مثل تغير مدير أو رئيس قسم أو خبير في منظمة ما نتيجة ظرف طارئ أو مفاجئ. أما التغيير فهو كما وضحناه سابقاً فهو منظم ومخطط ومدروس بهدف تحقيق أهداف معينه خلال فترة زمنية محدده.

العلاقة بين الإبداع والتغيير:

The Relevance Between Innovation and change

بعد أن عرفنا أن الإبداع هو نتاجات العقل الفريدة التي تصدر على شكل أفكار أو أساليب أو طرق أو سلوكيات وغيرها من المستجدات التي لم يسبق لها وجود أو تداول في السوق أو المنظمة أو المجتمع, وكذلك بعد أن عرفنا أن التغيير هو إجراء أو تكتيك ينفذ على وضع قائم للتحول من واقع حالي إلى واقع أفضل استجابة للمستجدات والنتاجات الإبداعية للوصول إلى هدف معين، هذا يكفي أن نستدل من خلاله على العلاقة الوثيقة التي تربط بين الإبداع والتغيير، إذ أن الإبداع يعتبر المحرك الرئيسي للتغيير، وأن التغيير هو نشاط استجابي لما يصدره الإبداع من مستجدات أو نتاجات جديدة. وقد أكد ذلك عامر 1991 عندما عرف التغيير بأنه تحرك ديناميكي يتبع طرق وأساليب مستخدمة ناتجة عن الإبداعات المادية والفكرية. كما وأكد على ذلك خير الله (2009 :118) عندما قال أن الإبداع هو المادة الأساسية في عمليات التغيير والتطور. وأكد ذلك أيضا جلده، وعبوي (2006 :113) عندما قال أن التغيير يأتي نتيجة تحرك الإدارة لمواجهة الأوضاع الجديدة للاستفادة من الايجابيات وتفادي السلبيات وتحقيق الأهداف. كذلك بين جلده، وعبوي (2006 :112) أن الإبداع والابتكار يمكن أن يعتبر أحد فروع التغيير، وتعمل الكثير من المنظمات على إيجاد أقسام منفصلة لملازمة وتلاءم الجهود الإبداعية والابتكارية مع المنظمات الأخرى، وأن المقدرة الإدارية على الإبداع وتصميم منظمات مبدعة سيزداد أهمية كلما زادت وتيرة التغيير. كما يرى أن أغلب المنظمات الإبداعية يكون لديها اتجاه داخلي للتغيير ولتحقيق ذلك ينبغي توفر أجزاء رئيسية وهي:

1- مراجعة الإبداع والتغيير في المواقع الإستراتيجية والتغيير الاستراتيجي.

2- فحص ومراجعة التغيير من خلال الاتجاهات الرئيسية الأربعة وهي الموارد البشرية، وإدارة المنظمة، وتكنولوجيا المعلومات والعولمة.

3- الاهتمام بالإبداع وتوضيح العلاقة بين نشر الأفكار الإبداعية وتبنيها.

وكذلك يمكن أن يتواجد الإبداع والتغيير معاً من خلال عوامل متعددة أو يمكن أن يقدما من خلال الأعمال الإنسانية أو نتيجة مواقف أو ظروف باطنية النمو كالنزاع الأفقي والتتابع التنفيذي ومؤيدي الفكرة أو النشاطات التنظيمية أو العوامل الخارجية مثل التدخلات الحكومية، وأعمال المنافسين، أو استجابة لحاجات ورغبات الزبائن أو أصحاب المصالح. ويربط الإبداع والتغيير علاقة من حيث التشاركية في القوى المؤثرة التي يخضع لها كل منهما ومساعد في عملية التفعيل وهي قوى البيئة الداخلية التي تحدث داخل المنظمة كالأنظمة والقوانين والثقافة التنظيمية ونمط القيادة وهيكلية التنظيم وكل أنشطة المنظمة ومحتوياتها الداخلية. أما القوى الأخرى فهي قوى البيئة الخارجية والمتمثلة بالتحديات التي تواجه المنظمة من الخارج بالعوامل السياسية والاقتصادية والاجتماعية والتكنولوجية والبيئية والتشريعية والقوى التنافسية.

كما يرتبط الإبداع بالتغيير من حيث التداخل والتفاعل في دورة حياة الإبداع التي سبق وان وضحناها في فصل التفكير الإبداعي في هذا الكتاب. حيث أن الإبداع والتغيير يشكلان جوهر الروح لدورة حياة الأفكار الإبداعية واستمراريتها وكل منهما مرتبط بالآخر منذ المرحلة الأولى في دورة الحياة وحتى المرحلة الأخيرة، إذ لا قيمة للإبداع دون تغيير، ولا قيمة للتغيير دون إبداع، وأقصد بذلك أي ما الفائدة من النتاجات الإبداعية دون أن تحقق شيء من التغيير للأفضل على واقع معين؟ وكذلك ما الفائدة من التغيير الذي لا يستند على مستجدات أو نتاجات حديده؟ أعتقد الجواب واضح. إذ لا قيمة للنتاجات الفكرية دون أن يحقق التغيير للأفضل، ولا قيمة للتغيير دون أن يستند على النتاجات الإبداعية, او لنقل لو كان الحال غير ذلك إذن لماذا الإبداع ولماذا التغيير؟ الإبداع يأتي ليغير من حال إلى حال أفضل، والتغيير يأتي استجابة للمستجدات والنتاجات الإبداعية وكل منهما يدفع ويُفعل الأخر, وقد عزز ذلك الخضري (2003: 12) عندما قال في كتابه

الذي يحمل عنوان إدارة التغيير إن أسلوبية التغيير هي التي تكفل استمرارية انطلاقة التفكير والإبداع والابتكار. كما يرتبط الإبداع بالتغيير من حيث إنهما نشاطان يتميزان بالديناميكية والنمط والتجدد اللامتناهي مع متغيرات الحياة وذلك منذ ظهور البشرية وحتى فناءها.

الأهمية التي يشكلها التغيير الإبداعي:

The Reflected Importance by Innovational Changes

لا شك أننا ندرك جميعا الأهمية البالغة التي حققها التغيير في حياة الشعوب والمجتمعات والمنظمات على مختلف الأصعدة والمستويات الاقتصادية والاجتماعية والثقافية والمعرفية والسياسية والبيئية التي استطاعت أن تسخر للإنسان شيء جديد في واقع حياته وهو التطوير والتحول من حاله قديمة إلى حالة جديدة سواءً في مستويات الحياة التي كان يعيشها أو في مستويات الفكر والسلوك والثقافة التي أجزم أنها حققت نقله نوعية في المستوى الأدنى إلى الأفضل في كافة سبل الحياة ابتداء من الكهوف كأماكن للعيش التي كان يعيش بها الإنسان، ومروراً بوسائل النقل التي كانت تقتصر على الحيوانات، وانتهاءً بالعولمة التي نقلت الإنسان من عزلته إلى عالم صغير بلا حدود. بل وهناك الكثير من العوائد التي لا حصر لها ما هي إلا نتاج التغيير، الذي لم يمكن أن يتحقق من دونه، ويمكن أن نبرز فيما يلي بعضاً من جوانب الأهمية للتغيير على النحو التالي:

1- **يساعد في التشجيع على استمرارية الإبداع:** ويتم ذلك من حيث أن الأفكار الإبداعية قد تواجه الجمود وعزوف أصحابها عن توليدها أن لم تجد من يحتضنها ويطبقها أو تأخذ مسارها في إحداث التغيير. هذا من جانب ومن جانب آخر فإن التغيير نشاط يحتاج إلى جهود كبيره للتعامل معه سواء كان التعامل ايجابي بمعنى القبول أو سلبي بمعنى الرفض، وبالتالي فإن كل من النوعين سواء ايجابي أو سلبي يتطلبان بذل الجهود الفكرية لإيجاد طرق وأساليب جديدة للتعامل معه.

2- **الانسجام مع المتغيرات العصرية للحياة:** أي يعمل التغيير على زيادة القدرة على التكيف والانسجام مع ما يواجه المنظمات والشعوب والمجتمعات من متغيرات في الحياة، وتساعدها على التأقلم والتفاعل والتعايش مع مختلف العوامل الثقافية والفكرية والسلوكية والمصالح المتبادلة. كذلك فإن التغيير يلعب دور فاعل في تحديد مستويات التوازن والقوى لمستقبل المنظمات وتحديد مصيرها ومكانتها بين غيرها من المنظمات.

3- **يساعد التغيير الإبداعي في تفعيل وتجديد الحيوية عند الآخرين:** أي يعمل على تنشيط وتجديد الحيوية على المستوى الفردي والجماعي والمؤسسي، ويؤدي إلى خلق آمال جديدة تخرجهم من نمطية العمل والروتين، ويزرع فيهم النشاط والطموح والمبادرة نتيجة التوقع الأفضل من التغيير.

4- **المساهمة في تحسين مستوى العائد:** أي زيادة مستوى المكاسب المادية والمعنوية للجهات التي تتبنى التغيير كعوائد الاستثمار والربح والإنتاجية والحصة السوقية ورضا الزبائن والعاملين، وكذلك يزيد مستوى العائد إلى الزبائن أو متلقي الخدمة، ويبرز ذلك من خلال حصولهم على خدمات أفضل تتميز بالجودة والسرعة والصلاحية نتيجة التغيير.

5- **تحقيق مستوى أعلى من القوة في الأداء التنفيذي والممارسة التشغيلية:** حيث يتم ذلك من خلال اكتشاف جوانب الضعف في أداء ما والوقوف عليها مثل الهدر في الإسراف، ضعف الإنتاجية، الاختلاس، الفاقد، التالف، والعيوب الأخرى ومعالجتها. وكذلك يساعد في كشف نقاط القوة وتعزيزها مثل أساليب الحفز التي تشجع على زيادة الإنتاجية، وزيادة الولاء الوظيفي، وتحسين بيئة العمل وغيرها.

6- **تفجير المطالب وإزكاء الرغبات وتنمية الحافز نحو الارتقاء والتقدم:** حيث يعمل التغيير على زيادة مستوى التطور والتحسين والارتقاء للتوافق مع حاجات ورغبات أصحاب المصالح المتجددة. هذا يخلق نوع من الوعي السلوكي

واستجابة مقدمي الخدمة لمتلقيها للقدرة على ديمومة البقاء وبناء العلاقات الايجابية المبنية على الاحترام والثقة والتواصل. وتبرز أوجه الاستجابة للتغيير من خلال إدخال تقنيات حديثة بدلاً من القديمة في أسلوب العمل، إجراء عمليات الإصلاح والمصالحة لجوانب الضعف والقصور في العمل وإجراء أي تغيير أو إعادة هيكلية في أي موقع لا يتناسب مع رغبات ومطالب الناس (الخضري، 2003: 24).

المحتويات التي يجب أن يراعيها التغيير لتحقيق الإبداعية:

Important factors must be considerated by change to Obttain Innovation

للتغيير بشكل عام مجموعة من المحتويات والأبعاد والتي يجب أن يحيط بها بشكل دقيق ومدروس قبل اتخاذ قرار البدء بأي تغيير، وأن تدرك تلك المحتويات والعلاقات الترابطية التي يمكن أن يؤثر عليها التغيير أو يتأثر بها. ولكي يغلب على التغيير الطابع الإبداعي، وليتمكن من الوصول إلى تحقيق الأهداف بتوازن ونجاح يجب أن يراعى مجموعة من المحتويات وهي:

❒ **اولاً: المحتوى المتعلق بالبيئة الداخلية** (Internal Environment): وهي كل العناصر التي تعيش في بيئة المنظمة الداخلية وتتعامل معها بشكل مباشر كجزء يلعب دور فاعل في عملية التأثير والتأثر على أي نشاط تغيري، ومن أهم تلك العناصر ما يلي:

1- **المنظمة أو التنظيم** (Organization): وهو كل ما يتعلق بتركيبة المنظمة الداخلية حيث نوعها وحجمها وأهدافها وأنظمتها وقوانينها وهيكلها التنظيمي وإدارتها ومواردها المختلفة، حيث يجب أن يراعي التغيير كل تلك الجوانب من حيث القوة والضعف للتأكد من ملائمتها مع متطلبات التغيير وقدرتها والاستجابة له للتجنب من الوقوع في مشاكل أو معيقات تواجه عملية التغيير.

2- **أصحاب المصالح الداخليين** (Internal Stackholders): ويتعلق هذا العنصر بكل أصحاب المصالح الداخليين الذين لهم علاقة مباشره مع المنظمة أو التنظيم كالإدارات العليا والعاملين والمساهمين ومجالس الإدارة. حيث يجب على التغيير مراعاة احتياجاتهم ومصالحهم المختلفة بعدالة بما تتناسب مع القيم والأعراف والقوانين والأديان وان يراعى فيها المصالح المشتركة وعدم التحيز في إجراء التغيير لحساب مصلحة على الأخرى. كما يجب أن يراعي التغيير قناعة وقبول أصحاب المصالح الداخليين بالتغيير المستهدف لكي يكونوا العنصر الداعم والمؤازر بدلاً من الرفض والتحريض ولأنهم يشكلوا العنصر الأهم في نجاح التغيير أو فشله.

☐ **ثانياً: المحتوى المتعلق بالبيئة الخارجية** (External Environment): وهي كل تلك العناصر التي تعيش في البيئة الخارجية من المنظمة والتي تلعب أيضا دوراً لا يقل أهمية عن عناصر البيئة الداخلية نظراً لترابطية العلاقة والتبادل المشترك من حيث مستوى التأثير والتأثر، وفيما يلي توضيحاً لتلك العناصر على النحو التالي:

1- **العنصر السياسي والقانوني** (Political & Legistics): وهو العنصر الذي يرتبط بالنظام السياسي للدولة والفلسفة التي يتبناها ذلك النظام في حكم وإدارة شؤون الدولة، وما ينبثق عن الدولة من أنظمة وقوانين وتشريعات تفرض على الآخرين التقيد والالتزام بها، وان يعمل أي نشاط أو عمل مؤسسي تحت ظل هذا النظام وتوجيهاته السياسية وما يصدر عنه من قوانين وأنظمة جديدة. ومن هنا فإن عملية التغيير تتطلب معرفة شاملة بالجوانب السياسية والقانونية المؤثرة على عملية التغيير ذاته وعلى سلوك قوى التغيير للتمكن من تنفيذ التغيير بما يتناسب مع سياسة الدولة

وأنظمتها وقوانينها وللتجنب من الوقوع في مشاكل تتعارض مع نظام الدولة وقوانينها.

2- **العنصر الاقتصادي** (Economical): وهو العنصر الذي يتعلق بالموارد المالية التي يجب أن تراعى في عملية التغيير، ويجب أن تدرس بشكل دقيق للتأكد من وجودها ومصادر تدفقها، والتأكد من مستوى العائد أو الربح الذي قد يتحقق نتيجة التغيير، وكذلك تقييم كل ما يتعلق بحسابات التكاليف والإنفاق والأجور والمنافع الاقتصادية المتوقع تحقيقها.

3- **العنصر الاجتماعي والثقافي** (Social & Cultural): وهو العنصر الذي يتعلق بكيفية إدارة التغيير بما يتوافق مع التركيب المجتمعي والعلاقات الاجتماعية والقيم والعادات والتقاليد والطقوس والأديان المختلفة للمجتمع بما يضمن المحافظة على نسيج الترابط والتوازن والاستفادة المشتركة من عملية التغيير .

4- **العنصر الاعلامي** (Media): وهو العنصر الذي يتعلق بكيفية إدارة التغيير من الجانب الإعلامي والاتصالي مع الجماهير المستهدفة في التغيير، بحيث يتم استخدام أساليب ذكية وحكيمة ونقل الأفكار الايجابية من عملية التغيير ونشر الوعي لدى الناس لزيادة مستوى الطموح والأمل والتوقعات الايجابية في عملية التغيير، لأن الاتصال الإعلامي يلعب دور كبير لدى المجتمع المستهدف في التغيير من حيث مستويات القبول والرفض.

5- **العنصر التكنولوجي** (Technological): وهو العنصر الذي يتعلق بضرورة إدخال وتطبيق إدارة التغيير تكنولوجيا جديدة تتناسب مع أهداف المجتمع المستهدف سواء منظمة أو تنظيم أو مجتمع، وكذلك تتناسب مع الكفاءات والقدرات والإمكانيات التشغيلية والقدرة أيضا

على مواكبة تلك التكنولوجيا بما يستجد من حداثة أو بما تحتاجه تلك التكنولوجيا من مهارات معرفية في التشغيل والصيانة واستمرارية التعامل معها، وكذلك أن تتناسب التكنولوجيا مع حاجات ورغبات وثقافة وقيم وعادات وسلوكيات المجتمع المستهدف في التغيير، بالإضافة إلى ضرورة توفير البيئة لتطبيق تلك التكنولوجيا من خلال الإعداد والتجهيز والتدريب اللازم، وتوفير البنية التحتية والفوقية الملائمة.

6- **العنصر الأمني لعملية التغيير** (Security and Safty): وهو العنصر الذي يتعلق بضرورة توفير الأمن والحماية للمجتمع الذي أجرى عملية التغيير وتجنيبه العوائد السلبية التي يمكن أن تلحق بها نتيجة الوقوع في عيوب ما عند تنفيذ عملية التغيير مثل على سبيل المثال إجراء عملية التغيير لمؤسسة عامة إلى مؤسسة خاصة، هل ذلك يعني أن نتاج عملية التغيير هو الاستغناء عن عاملين المؤسسة العامة وزجهم في الشارع دون عمل أو حقوق؟ طبعاً الإجابة كلا، بل يجب توفير الأمن والحماية الوظيفية من خلال منحهم عقود عمل لفترات معينه حتى يتمكنوا من إيجاد وظائف بديله، أو منحهم مكافآت وتعويضات مالية يستطيعوا من خلالها الإنفاق على أنفسهم وأسرهم لحين وجود البدائل. وهناك الكثير من الأمثلة التي تتعلق بالبعد الأمني الذي يجب أن يؤخذ بعناية فائقة من قبل القائمين على التغيير حتى يتم المحافظة على حقوق المجتمع المستهدف في التغيير وحماية مصالحهم،لأن ذلك يعتبر من أهم الأبعاد التي تحدد مصير العلاقة ما بين العميل والمنظمة وتبني جسور الثقة والمصداقية بينهم.

7- **العنصر المعرفي للقوى التنافسية**(Knowledge of Competitors): وهو أكثر العناصر الذي يركز عليه التسويقيين عند إجراء التغيير والتحليل للسوق لتحقيق الميزة التنافسية، ويعني ضرورة معرفة إدارة التغيير بالقوى التنافسية الموجودة في السوق ومعرفة المنافسين لهم من حيث كافة جوانب

القوة والضعف والإمكانيات والحجم وامتلاك الموارد والتميـز للـتمكن مـن إجراء التغيير على أسس ثابتة ودقيقة وتقديم ما هو أفضل من المنافسين في السوق لأن هـدف التغيير يفترض أن يسعى دائماً إلى تحقيق الأفضلية والتميز عن الآخرين. لـذلك يجـب أن يواكبـوا رواد التغيير الاطلاع والمعرفة الشمولية على القوى التنافسية من خـلال الدراسـة والبحـث والتحليل والاعتماد على الاستخبارات السوقية، والتحالفات، والزبائن، وقنوات التوزيع مـن أجل استمرارية تحقيق التميز والإبداع.

خصائص إدارة التغيير: Characterestics of Change Management

تتصف إدارة التغيير بمجموعة من الخصائص المهمـة التـي يجـب معرفتهـا والإلمـام بهـا مـن مختلف الجوانب، وفيما يلي مجملاً أهم تلك الخصائص:

1- **أن يكون للتغيير هدف معين**: أي أن يكون اسـتهدافي يسـعى لتحقيـق أهـداف معينـه، ولا يعتمد التغيير على أسلوب الفزعة أو العمل الارتجالي والعشـوائي، بـل يجـب الاعتمـاد علـى دراسات دقيقه سعياً للوصول إلى تحقيق أهداف منشودة.

2- **أن يعتمد على المنطقية والواقعية**: أي أن يعتمـد تنفيـذه علـى القـدرة والإمكانيـة والواقـع الحقيقي الذي تعيش به المنظمة والابتعاد عن التهويل والمبالغة غير المبررة.

3- **أن تكون الجهة القائمة على التنفيذ ذات كفاءة وفاعلية ومـؤثرة علـى الآخـرين**: أي امـتلاك الدراية والخبرة والمعرفة، بالإضافة إلى الحنكة العمليـة والقـدرة علـى التواصـل مـع الآخـرين والتأثير عليهم.

4- **الاعتماد على المشاركة**: أي إشراك كافـة المسـتويات الإداريـة المسـتهدفة في التغييـر في اتخـاذ القرار والمشاورات والاجتماعات والأخـذ بـأراءهم مـن أجـل تحفيـزهم علـى قبـول التغييـر وتنفيذه بالأساليب الودية بدلاً من الأساليب القسرية.

5- **أن يكون التغيير قانوني وشرعي**: أي أن لا يتعارض مع القوانين والأنظمة والتشريعات المختلفة سواءً المتعلقة بأنظمة الدولة أو المجتمع أو الحقوق الشخصية أو قوانين العمل والعمال والمؤسسات العامة والخاصة وغيره أي أن يبنى التغيير على مبدأ احترام الأنظمة والقوانين وعدم مخالفتها والعمل ضمن الصلاحيات الممنوحة وعدم تجاوزها.

6- **أن يكون التغيير مقبولاً من المجتمع والبيئة**: أي أن يكون مرغوباً فيه ولا يتعارض مع ثقافة وقيم المجتمع والبيئة.

7- **القدرة على متابعة ومواكبة متطلبات التغيير**: أي القدرة على مجاراة التطور التكنولوجي من حيث القدرة على متابعة الحداثة والتجديد، أو من حيث القدرة على كيفية التعامل مع التكنولوجيا الجديدة من حيث الإدارة والتشغيل والصيانة والإصلاح والاستثمار الأفضل.

8- **أن يكون هدف التغيير إصلاحي**: أي السعي إلى إصلاح العيوب القائمة على وضع ما ومعالجتها بهدف الانتقال مع الوضع الأسوأ إلى الوضع الأفضل.

9- **يتطلب التغيير الموارد البشرية الكفوؤه**: أي أن تكون الكفاءات البشرية بمختلف المستويات الإدارية على درجه عالية من الكفاءة للتمكن من إدارة التغيير وتنفيذه بكفاءة وفاعلية ولبلوغ الأهداف بأقل التكاليف.

10- **القدرة على تحقيق التطوير والابتكار**: أي القدرة على تبني الأفكار الإبداعية والخروج بها إلى واقع تطبيقي، لأن التغيير السامي كما وضحنا سابقاً يهدف إلى إحداث التطوير والارتقاء بالشيء، أي نقلة من حال إلى حال أفضل.

11- **يتطلب التغيير الحكمة والرشد**: أي الاعتماد على العقلانية في دراسة الأمور قبل اتخاذ قرار التنفيذ، والاعتماد على أسلوب التحليل والاستشراف المستقبلي للنتائج المتوقعة بحيث يكون مستوى العائد أو المنفعة المستردة أعلى من قيمة التكاليف والنفقات.

العناصر الرئيسية في عملية التغيير:

Main Contents in Changing Process

تنطلق عملية التغيير من مجموعة من العناصر الرئيسية التي يجب على منفـذي أي عمليـة تغيير على المستوى التنظيمي أن يدركوا هذه العناصر ودراستها بشكل دقيق قبل البدء بعملية التغيير للتمكن مـن تنفيذ التغيير بشكل صحيح والوصول إلى تحقيق الأهـداف بأقل مـا أمكـن مـن العقبـات والغموض الذي يجب أن يمر في أي عملية تغيير, ويرى البعض أمثال الحـمادي (1999: 28) أن عمليـة التغيير تتكون من ستة عناصر رئيسية تبدأ كلها بحرف الميم وقد سماها بالميمات السـت والتـي مثلهـا بالشكل السداسي كما هو مبين أدناه في الشكل (7-1) وأطلق عليه سداسي التغيير.

الشكل (7-1)
عناصر التغيير

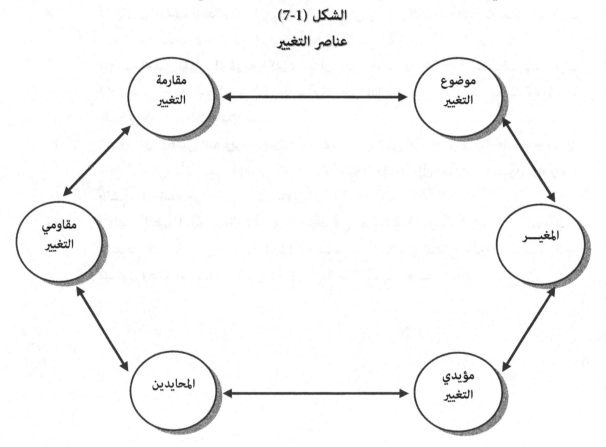

ويمكن توضيح العناصر أعلاه كما يلي:

- ❑ **<u>العنصر الأول</u>**: موضوع التغيير، وهو الموضوع الذي يستهدف التغيير والمجال الذي سوف يتم تناوله، أي بمعنى هل التغيير كلي أم جزئي، وهل التغيير سلوكي أم إداري أم مالي وهكذا.....
- ❑ **<u>العنصر الثاني</u>**: المغير، ويعني الشخص أو الجهات التي تطالب وتنادي بعملية التغيير، وتقود أو تتبنى هذه العملية (أي الجهة التي تبادر وتطلق شرارة التغيير).
- ❑ **<u>العنصر الثالث</u>**: مؤيدي التغيير، ويعني الجهات التي ترحب بعملية التغيير وتبدي الموافقة وتقدم الدعم والمساعدة سواءً دعم مادي أو معنوي.
- ❑ **<u>العنصر الرابع</u>**: المحايدين، وهم الجهات أو الأطراف الذين يغلب عليهم الطابع الحيادي وعدم اتخاذ موقف واضح لعملية التغير.
- ❑ **<u>العنصر الخامس</u>**: مقاومي التغيير، وهم الأشخاص أو الجهات التي تبدي رفضها ومقاومتها المعلنة لعملية التغيير والسعي إلى إيقاف تنفيذها وإفشالها.
- ❑ **<u>العنصر السادس</u>**: مقاومة المقاومة، وتعني الطرق والأساليب والممارسات الايجابية أو السلبية التي يقوموا بها منفذي التغيير والجهات المؤيدة لهم لتطويع مقاومي التغيير وضمهم إلى صفوف المؤيدين.

أساسيات التغيير التنظيمي: Organizational Change Principles

يمكن تلخيص الدوافع التي تقود العمل المؤسسي إلى إجراء التغييرات للأسباب التالية:

1- لتمكن من مواكبة التغيرات الحياتية

2- من اجل رفع وتحسين مستوى الأداء.

3- لتحقيق الميزة التنافسية أو التوازن التنافسي.

4- لتلبية رغبات ومتطلبات وحاجات العملاء والزبائن المتجددة.

5- خلق جو من الحيوية والتجدد والبعد عن العمل الروتيني.

6- الحد من الأنشطة غير الرسمية والسيطرة عليها.

7- تبادل الخبرة والمعرفة بين العاملين.

8- لتحقيق الأهداف المؤسسية بكفاءة وفاعلية.

9- استجابة للقوى أو النفوذ الخارجية والتي تكوم من البيئة الخارجية للمنظمة كأن تفرض من الهرم الأعلى في الدولة أو من السلطات العليا والحكومات أو من قبل جمعيات أو نقابات أو اتحادات أو أحزاب أو دول عظمى وغيرها.

الخطوات الرئيسية لأجراء التغيير الإبداعي:

Main Stages to Implement Innovational Change

كيف يتم التغيير؟ أنه سؤال يستحق التوقف عنده قليلاً والتفكر به كثيراً للتمكن من الإجابة عليه بحكمة وعقلانية للتجنب الإجابة العشوائية أو الارتجالية التي بلا شك سيكون محكوم عليها بالاضطراب والفشل، وكذلك كون أن عملية التغيير هي عملية إجرائية ديناميكية تهم كل عناصر المجتمع بلا استثناء من أفراد أو جماعات أو مؤسسات وحكومات ودول، وكذلك فأن عملية التغيير تمر بخطوتين أساسيتين هما الخطوة التحليلية والخطوة التنفيذية، وينبثق عن كل خطوة منهما كما هو مبين في الشكل التالي رقم (2- 7) مجموعة من العناصر التي يجب أن تتسلسل في العملية الإجرائية للتغير حتى يتم تحقيق التغيير الإبداعي بكفاءة وفاعلية.

الشكل (7-2)

خطوات إجراء التغيير

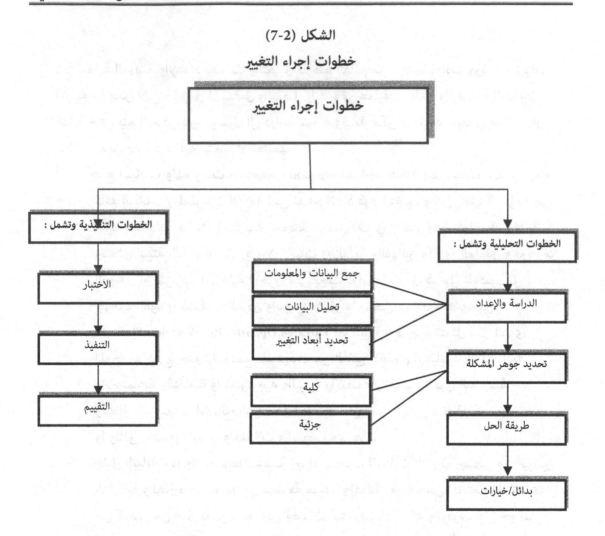

اولاً: الخطوات التحليلية (Analytical Stages)، وتشتمل على أربعة عناصر وهي:

1) **الدراسة والإعداد Study and Preparation**: وهي العنصر الأول في الخطوات التحليلية لعملية التغيير والتي تعتبر من العناصر الأساسية الحساسة نظراً لما تتطلبه من درجة عالية من الدقة والمواءمة بين الطموح الشخصية وإرادة أصحاب المصالح الآخرين في المجتمع وحاجاتهم كالحكومة والسكان والزبائن والعاملين وغيرهم، بالإضافة إلى الإمكانيات المتوفرة والموارد حتى يتم بلورة عملية التغيير وقابليتها للتطبيق.

تبدأ عملية الدراسة والإعداد بالبحث والتحليل للوضع القائم من كافة الجوانب ووضع التنبؤات الأولية بما يمكن أن يتحقق في المستقبل والتوصل إليه، وتمر عملية الدراسة والإعداد بالإجراءات التالية حتى يتم التمكن من الوصول إلى دراسة شاملة وقيمة يمكن الاعتماد عليها في اتخاذ قرار صائب يتعلق بتنفيذ عملية التغيير أو تعليقها:

أ- **جمع البيانات والمعلومات Data and Information Collection:** وهي عملية القيام بجمع كافة البيانات والمعلومات اللازمة التي تدعم اتخاذ قرار التغيير، والتي يجب أن تؤخذ من البيئة الداخلية والبيئة الخارجية للمجتمع المستهدف في التغيير ودراستها بدقه وعناية، وتتمثل البيئة الداخلية بالموارد والإمكانيات والأنظمة والقوانين وكفاءة العاملين وغيرها من العوامل أو المؤثرات الداخلية الأخرى التي يجب دراستها بشكل شمولي للوصول إلى جوانب القوة والضعف والفرص والتهديدات أو ما يسمى ب SWOT وتعني Threaten,Opportunites,Weekness,Strength أما البيئة الخارجية تتمثل بكل القوى الموجودة خارج حدود المجتمع المستهدف من التغيير كالقوى السياسية والاقتصادية والاجتماعية والثقافية والتكنولوجية والبيئية والأنظمة والقوانين القوى التنافسية ومتطلبات أصحاب المصالح التي يمكن الحصول عليها من مصادر مختلفة كالسجلات والوثائق والمسح الميداني والمقابلات والصحف وغيرها...

ب- **تحليل البيانات Data Analysis:** عملية إجراء المعالجة للبيانات التي تم جمعها من البيئتين الداخلية والخارجية للوصول إلى معلومة مفيدة وإعطائه وصف عن المجتمع المستهدف من التغيير من أجل تحديد خصائص وصفات المتغيرات المختلفة والوقوف على جوانب القوة والضعف في كل جانب من تلك الجوانب بالشكل الذي يساعد في إعطاء تنبؤ عن الجوانب الايجابية

والسلبية التي يمكن أن تنتج عن عملية التغيير وإعطاء صوره تقريبية لما يمكن أن يواجه عملية التغيير من تحديات وإعطاء صورة استشراقية أو سيناريوهاتية للمستقبل، أي توقع لما يمكن أن يكون عليه الحال في المستقبل أو ما يمكن أن يحققه التغيير. وتتم عملية التحليل للبيانات من خلال استخدام الأسلوب النوعي والكمي، حيث يعتمد الأسلوب النوعي على التحليل الاستنباطي والاستكشافي والوصفي ومقارنة نتائج الحاضر بالماضي، بينما يعتمد الأسلوب الكمي على استخدام الأساليب الإحصائية والرياضية مثل الانحدار البسيط والمتعدد، وجداول المدخلات والمخرجات وتحليل التكاليف والمنافع، والسلاسل الزمنية وغيرها.

ج- **تحديد إبعاد التغيير Change Dimensions**: وهو العنصر الذي من خلاله يبدأ منفذي التغيير تلمس الحقائق بشكل واضح والبدء باكتشاف جوانب القوة والضعف التي تحيط بالمجتمع المستهدف من التغيير على مستوى البيئتين الداخلية والخارجية، ويبرز هنا أيضا قدرة منفذي التغيير على تحديد نطاق التغيير، أي هل التغيير كلي ولكافة أجزاء المجتمع المستهدف أم التغيير جزئي، أي يتعلق بجزء من نظام المجتمع المستهدف من التغيير، وكذلك فإن معرفة الموارد والإمكانيات وعناصر عملية التغيير يجب أن تبرز هنا في هذه المرحلة، أي أن يتم تحديد موضوع التغيير والجهات المسئولة عن التغيير، ومؤيدي التغيير، والمحايدين، ومقاومي التغيير وغيرهم، كما يجب أن يحدد في هذه المرحلة الخطوط العامة لعملية التغيير بدقة ووضوح، أي أن يتم تحديد النتائج المطلوب تنفيذها للوصول إلى تلك المخرجات المنشودة. حيث يتم في هذه المرحلة توزيع الأدوار والمهام بين الإفراد المعنيين بعملية التغيير بشكل دقيق وتشكيل الفرق واللجان كلاً حسب الاختصاص والكفاءة.

2) **تحديد جوهر المشكلة** (Core Problem Fixing): وهو العنصر الثاني من الخطوات التحليلية الـذي يمارسه منفذي التغيير لتحديد المشكلة الرئيسية من عملية التغيير في المجتمع المستهدف وتضيق المواقع الأكثر ضعفاً والأكثر حاجه إلى التطوير والتحسين وتحديد الأجـزاء التـي يجـب إن يشملها التغيير، أي إما أن يكون التغيير كلي أو جزئي، حيث يعني ذلك:

أ- **التغيير الكلي** Comprehensive change : وهو التغيير الشامل الـذي يغطـي كافـة إنحـاء المجتمع المستهدف من التغيير كأن يتم مثلاً تغير شامل علـى كافـة أنحـاء المنظمـة دون استثناء أي جزء منها.

ب- **التغيير الجزئي** Partrial change : وهو التغيير الذي يشمل فقط جزء محدد من النظام الكلي للمجتمع المستهدف كأن يتم مثلاً تغيير علـى جزء أو قسـم أو دائـرة أو حلقـة مـن المجتمـع المستهدف دون أن يشمل كافة جوانبه.

3) **طريقة الحل** Solving Approach : وهي الطريقة التي سوف يتم حل المشكلة من خلالها، أي هل حلها من خلال الأسلوب النوعي أم الكمي، حيث يتم هنا استعراض مختلف الطرق التـي يمكـن أن توصل إلى حل المشكلة بكفاءة وفاعلية.

4) **وضع بدائل أو خيارات** Alternative Setting: أي يجب أن لا يتم الاعتماد على وضع طريقة واحده لحل المشكلة، بل يجب أن يتم وضع عدة خيارات وبدائل ليتسـنى لمنفـذي عمليـة التغييـر اختيـار البديل الأكثر كفاءة وفاعلية. حيث تتميز هذه المرحلة بالمرونة من حيـث تقديـم وعرض مختلـف ومتنوع من البدائل مثل أن يتم عرض ثلاثة أو أربعة طرق لحل مشكلة معينه بـدلاً مـن الاقتصـار على عرض طريقة واحده.

ثانياً: الخطوات التنفيذية (Executive Stages)، وتشتمل على ثلاثة عناصر وهي:

1) **الاختيار** Selection: وهي العنصر الأول في الخطوات التنفيذية لعملية التغيير، وتعني فعـل Action أو عملية اتخاذ قرار نهائي في اختيار الطريقة المثلى لمعالجة

مشكلة معينه والتعامل معها. حيث يتم الاختيار بناءً على حجم المشكلة وتشعبها أو تعقيدها بما يتناسب مع رغبات منفذي التغيير وقدراتهم التقنية والعلمية والفنية وغيرها مثل إن يتم اختيار الأسلوب النوعي أو الكمي لمعالجة مشكلة معينه، حيث يتطلب كل من الاسلوبين مهارات مختلفة عن الأخر يجب أن تتوفر لدى منفذي التغيير، وكذلك تتعدد أساليب تقييم البدائل من حيث الأقل كلفة وأكثر كفاءة وعوائد (غنيم، 2008: 83).

2) <u>التنفيذ</u> Implementation : وهي من عناصر الخطوات التنفيذية التي يصدر فيها قرار التنفيذ والبدء بعملية التغيير بعد أن يكون تم الاستناد على كل ما سبقها من عناصر دون استثناء سواء كانت تلك العناصر تنتمي للخطوات التنفيذية أو التحليلية لأن كل منها يرتبط بالآخر ويشكل كجزء من نظام كلي.

3) <u>التقييم</u> Evaluation : وهي المرحلة الأخيرة التي يجب على منفذي التغيير ممارستها بعد السير في عملية التغيير للتأكد من مسار العملية والوقوف على مستوى تحقيق النتائج بهدف كشف الجوانب السلبية والانحرافات التي تواجه عملية التغيير وتصويبها ما أمكن، وتعزيز الجوانب الايجابية ومواطن القوة للوصول إلى تحقيق الأهداف المرسومة.

العوامل الداعمة لإنجاح التغيير :

The Supportive Factors to get Succesfull for change

كما وضحنا في بدايات هذا الفصل أن عملية التغيير تعتبر من أصعب الممارسات الإدارية وأكثرها تعقيداً لأسباب مختلفة وعديدة يعود بعضها إلى عوامل ثقافية وقيمية، ونفسية والخوف على المصالح وتعددية أعضاء التنظيم واختلاف مستويات تفكيرهم وأجناسهم وأعمارهم وغيرها من العوامل الأخرى العديدة. لذلك يجب على منفذي التغيير تبني منهج وأسلوب ذكي للتعامل مع المجتمع المستهدف من

التغيير للتمكن من كسب موافقتهم وتأييدهم لعملية التغيير والوصول إلى تنفيذ عملية التغيير بنجاح. وقد وضحت أدبيات الفكر الإداري التي تناولت هذا الموضوع العديد من العوامل والأساليب التي يمكن أن تحقق الدعم الفعال لأي عملية تغيير وإنجاحها، ونبرز فيما يلي أهمها:

1- الحصول على الدعم من الإدارة العليا.

2- أن يكون التغيير جزء من أهداف المنظمة.

3- إشعار أعضاء المنظمة أو المجتمع المستهدف من التغيير إن الهدف من التغيير لتحقيق مكاسب إضافية لهم.

4- أن يدرك المجتمع المستهدف من التغيير إن التغيير ناتج عن إرادتهم وليس مفروضاً عليهم.

5- أن لا يتعارض التغيير مع ثقافة وقيم المجتمع المستهدف من التغيير

6- أن يتم إعطاء مقدمات سابقة عن التغيير المطلوب قبل البدء بتنفيذه مع إظهار الجوانب الايجابية له.

7- أن يتوفر الأسلوب القيادي لمنفذي عملية التغيير، بحيث يكون التأثير في الآخرين من منطلق القدوة في التبعية.

8- استخدام أسلوب الحوافز للمبدعين في عملية التغيير.

9- استخدام أسلوب المشاركة والتشاور والإدماج الوظيفي للعاملين بمختلف المستويات الوظيفية.

10- أن يتم التركيز على أسلوب العمل الجماعي وليس الفردي.

11- التركيز على تبني وتطبيق الأفكار الإبداعية التي تتلاءم مع أهداف المنظمة وقدرة العاملين فيها.

12- توفر الإعداد والتجهيز المسبق قبل البدء بعملية التغيير وذلك من حلال الدورات والمنح والتدريب النظري والعمل من أجل الإلمام به ولنزع مبدأ

الخوف والرهبة من نفوس العاملين وليساعد ذلك على تقبل التغيير عند طرحه عليهم.

13- استخدام أسلوب اتصال فعال بين العاملين لنقل المعلومات بينهم بوضوح وشفافية لمنع أي تحريف أو تشويش على مفردات التغيير وأهدافه.

14- الاستعانة بالخبرات والكفاءات المتميزة في مجال التغيير أو الاستفادة مـن خـبراتهم كـالخبراء والمستشارين أو وكلاء التغيير شريطة أن يكون هناك نوع من التوازن والتكافؤ في الامتيازات ما بينهم وبين العاملين في المنظمة وان لا يتم الاهتمام بتلك الكفاءات أو الخبرات الخارجيـة على حساب العاملين الأصليين في المنظمة (Goodwin,1998;497;Douglas,1999: 314).

أسئلة للمراجعة/ الفصل السابع

اولاً: اجب عن الأسئلة التالية:

1- ما المقصود بالتغيير الإبداعي وعلاقته بالتغيير التنظيمي؟

2- وضح العلاقة بين الإبداع والتغيير

3- اذكر خمسة من الاهميات التي يشكلها التغيير الإبداعي

4- ما هي المحتويات التي يجب أن يراعيها التغيير لتحقيق الإبداعية؟

ثانياً: أكمل الجمل التالية:

1- من الخصائص التي تتصف به إدارة التغيير:

أ- ....

ب- ....

ج- ....

د- ....

2- ال SWOT يعني ....

3- من العوامل الداعمة لإنجاح التغيير

أ- ....

ب- ....

ج- ....

د- ....

الفصل الثامن

الاستراتيجيات الوطنية الداعمة للإبداع والأداء المتميز في الأردن

The National Supportive Strategies for Innovation and Excellence Performance in Jordan

ويتضمن هذا الفصل المحتويات التالية:

صندوق الإبداع والتميز

الفصل الثامن
الإستراتيجيات الوطنية الداعمة للإبداع والأداء المتميز في الأردن
The National Supportive Strategies for Innovation and Excellence
Performance in Jordan

سنتناول في هذا الفصل بعض الإستراتيجيات أو السياسات التي تم وضعها أو تبنيها في الأردن سواء من قبل نظام الحكم أو من قبل المؤسسات العامة أو المؤسسات الأهلية من أجل التشجيع على الإبداع المؤسسي أو الفردي في الأردن وفيما يلي موجز لأهمها:

1. صندوق الإبداع والتميز

تم إنشاء هذا الصندوق في آب من عام 2004 برعاية ملكية سامية ليكون كأحد الأدوات الرئيسية لبرنامج تطوير القطاع العام. ويقوم جوهر الهدف لصندوق الإبداع والتميز على توفير الدعم الفني والمالي للوزارات والدوائر والمؤسسات الحكومية لتمكينها من تنفيذ البرامج الإبداعية والمبادرات الهادفة لتقديم أفضل الخدمات لمتلقيها من مواطنين ومستثمرين. إضافة لذلك يعتمد صندوق الإبداع والتميز على مجموعة من الأهداف الرئيسية التي يسعى إلى تحقيقها وهي:

تعزيز عمليات التطوير والتحسين المستمر في مؤسسات القطاع العام من خلال دعم مبادرات بناء القدرات المؤسسية وتحسين الأداء وتقديم أفضل الخدمات.

تعزيز مبادئ الشفافية والمساءلة والقياس بالنتائج المتحققة للمواطن.

زيادة وعي المواطنين بأهمية تطوير القطاع العام من خلال تبادل الخبرات ونشر أفضل الممارسات بين الدوائر والمؤسسات الحكومية وتعزيز مفاهيم التميز فيما بينها.

ويتبع صندوق الإبداع والتميز إلى وزارة تطوير القطاع العام كونها تعتبر من الـوزارات التي تعنى بشؤون البرامج الإبداعية في القطاع الحكومي ودعمها في سـبيل تقـديم الأداء الأفضـل والمميـز للمواطنين والمستثمرين على السواء. أما هيكلية الصـندوق فهـي تتكـون مـن مجموعـة مـن اللجـان والإدارات والمؤسسات التي يتخصص كل منها بمهام معينة تقوم بتنفيـذها والإشراف عليهـا، وفيمـا يـلي هي:

1. اللجنة التوجيهية لصندوق الإبداع والتميز.
2. لجنة تقييم المشاريع المقدمة من الدوائر الحكومية.
3. لجنة العطاءات الخاصة بصندوق الإبداع والتميز وتشكل بقرار من مجلس الوزراء.
4. إدارة الصندوق.
5. المؤسسات المستفيدة.
6. الشركات الاستشارية.

2. صندوق الملك عبدالله الثاني للتنمية

تم تأسيس هذا الصندوق من خلال إرادة ملكية سامية عام 2001 بموجب قانون مؤقت رقم 81، ويعتبر هذا الصندوق الذي يعمل كمؤسسة غير حكومية وسيلة للحـد مـن الفقـر والبطالـة ورفع مستوى معيشة المواطنين خاصة في المناطق الأقل خطأ وذلك من خلال تنفيذ ودعم المشاريع والأعمال الريادية.

وتتلخص رسالة الصندوق في تكريس الجهود لدفع عجلة التنمية الشاملة وزيادة الإنتاجيـة وتشجيع الإبتكارات الإبداعية، وهي تجسد المهام التي رسمها جلالة الملـك عبدالله الثـاني بـن الحسـين للصندوق وذلك انطلاقا من أن التنمية الشاملة لا يمكن أن تتحقق دون تكريس الجهود لصقل مهارات المواطن الأردني وتطوير قدراته. كما وينظر الصندوق أيضاً إلى ضرورة وأهميـة الـدور البـارز لـدعم جميع أنشطة الإبداع والابتكار بمختلف أشكالها من أجل الوصول إلى أردن متميز

بموارده البشرية المؤهلة المنتجة التي من خلالها تتحقق أهداف التنمية الاقتصادية والاجتماعية المستدامة. كما ويسعى صندوق الملك عبدالله الثاني للتنمية إلى تحقيق مجموعة من الأهداف، وفيما يلي أبرزها:

1. تشجيع المواطنين على تأسيس مشاريع تجارية وبالتالي المساهمة في تحقيق التنمية الشاملة في المملكة. ويتيح الصندوق فرصة للمواطنين لتملك نسبة معينة من مشاريعهم بعيداً عن الدعم المالي المباشر، لتعظيم الأثر الإنتاجي للمشاريع ولإدامة الفوائد والحد من البطالة والفقر وللصندوق في سبيل ذلك أن يبادر بمشاريع في المناطق الريفية من خلال تأسيس شركات وجمعيات تتولى تنفيذ هذه المهام.

2. دعم الجهود والبرامج والأنشطة التي تهدف إلى زيادة الإنتاجية الوطنية للإسهام في تحسين نوعية المواطن ومستوى معيشته، وذلك من خلال تأسيس المشاريع في مختلف المحافظات مع مراعاة الخصائص النسبية لكل محافظة، إضافة إلى المساهمة في تدريب وتأهيل المواطنين، بما في ذلك تعلم مهارات الحاسوب واستخدام المبتكرات التقنية الحديثة، مما يمكن المجتمعات من تلبية احتياجات المشاريع من العمالة المحلية المدربة الماهرة.

3. تشجيع الأنشطة العلمية والثقافية والرياضية والتعليمية والاجتماعية لتطوير مهارات المواطنين وتوفير الحوافز للمبتكرين والمبدعين في مختلف المجالات، وفي سبيل تحقيق ذلك يجوز للصندوق مساعدة الطلبة المتفوقين في مختلف المراحل التعليمية ودعم الأنشطة العلمية وخاصة ما يتعلق منها بمشاريع الصندوق الإنتاجية.

وينطلق عمل صندوق الملك عبدالله الثاني للتنمية كأسلوب ريادي وذلك إيماناً بأن تأسيس مشاريع تنموية إنتاجية مربحة ومستدامة في مختلف محافظات المملكة يعتبر متطلباً أساسياً للحد من الفقر والبطالة وتحقيق تنمية شاملة مستدامة، ويحرص الصندوق على التعاون مع القطاع الخاص في الأمور المتعلقة

بتصميم المشاريع وتنفيذها وإدارتها والاهتمام بشكل خاص بأبناء المناطق التي تقام فيها المشاريع من خلال توفير فرص عمل فيها أو امتلاك جزء منها، مما يؤدي إلى الحفاظ على ديمومة المشاريع وربحيتها.

3. مركز الملك عبدالله الثاني للتميز

تم تأسيس هذا المركز في كانون ثاني عام 2006 بموجب نظام رقم (6) لسنة 2006، بحيث يكون المركز هو المرجعية الوطنية للجودة والتميز في القطاع العام والخاص والأهلي، كما وأن يكون دور المركز هو نشر ثقافة التميز في كافة القطاعات بهدف زيادة تنافسية الأردن على المستوى العالمي. وتنفرد رؤية المركز بأن يكون هو المحفز الرئيسي نحو أردن أكثر تنافسية عالمياً، وأما رسالة المركز فهي أن يكون هو المرجعية الوطنية للجودة والتميز في مؤسسات القطاع العام والخاص والأهلي وذلك بقياس قدراتهم وفعاليتهم لتقديم الخدمة الأفضل لمتلقيها وبمساهمتهم في زيادة التنافسية في الاقتصاد الأردني.

أما أهداف مركز الملك عبدالله الثاني للتميز فهي:

نشر ثقافة التميز عن طريق نشر الوعي بمفاهيم الأداء المتميز والإبداع والجودة بما يتفق والنماذج العالمية للتميز.

توفير مرجعية إرشادية وأسس معيارية لقياس مدى التقدم والتطور في أداء الجهات الحكومية والمؤسسات والهيئات الرسمية وغير الرسمية وتعزيز التنافس الإيجابي بينها.

منح جائزة سنوية تسمى جائزة الملك عبدالله الثاني للتميز لأي وزارة أو مؤسسة أو دائرة أو هيئة رسمية أو غير رسمية أو شركة أو شخص وذلك وفقاً للأسس والمعايير والحقول التي يعتمدها المجلس.

أما الجوائز التي يديرها المركز ويشرف عليها فهي:-

أ-   جائزة الملك عبدالله الثاني لتميز الأداء الحكومي والشفافية والإبداع:

حيث تعتبر هذه الجائزة من أسمى وارفع الجوائز التي تمنح للقطاع العام على المستوى الوطني، حيث صدرت الإرادة الملكية السامية بإنشاء هذه الجائزة في شهر أيلول عام 2002 بهدف تعزيز دور القطاع العام في خدمة المجتمع الأردني بكافة قطاعاته ومجتمع الاستثمار وذلك عن طريق نشر الوعي بمفاهيم إدارة الجودة الشاملة والأداء المتميز وإبراز الجهود المتميزة لمؤسسات القطاع العام وعرض إنجازاتها في تطوير أنظمتها وخدماتها.

وتنطلق أهداف الجائزة الرئيسية بالتركيز على إحداث نقلة نوعية وتطوير أداء الدوائر والمؤسسات والوزارات الحكومية في خدمة المواطنين الأردنيين والمستثمرين وتعزيز التنافسية الإيجابية بين الدوائر والمؤسسات العامة عن طريق نشر الوعي بمفاهيم الأداء المتميز والإبداع والجودة والشفافية. كما تهدف إلى تجذير ثقافة التميز التي ترتكز على ثلاثة أسس عالمية للممارسات المثلى للحكومات الحديثة (التركيز على متلقي الخدمة، والتركيز على النتائج، والعمل بشفافية) كما تهدف الجائزة إلى تبادل الخبرات المتميزة بين المؤسسات الناجحة وصولاً إلى تقديم الأداء الأفضل للمواطنين الأردنيين والمستثمرين المحليين والأجانب.

أما الهدف الرئيسي للجائزة يكمن في ضمان قيام القطاع الحكومي بالواجبات والمهام الموكلة إليه بالشكل الصحيح والمستوى العالي من الجودة والكفاءة والمهنية. كما وجاءت هذه الجائزة لتعبر عن تقدير قائد الوطن للمؤسسات الحكومية المتميزة والمبدعة في أدائها وإنجازها وإنتاجيتها وخدماتها ومشاريعها وبرامجها وخططها وأساليب عملها وكذلك الموظفين المبدعين والمتميزين في هذه المؤسسات. أما المعايير التي تعتمدها الجائزة والتي من خلالها يتم قياس مدى تبني مؤسسات القطاع الحكومي للأسس الثلاثة للممارسات المثلى للحكومات الحديثة بهدف الوصول إلى الهدف المنشود والمتمثل بتجذير ثقافة التميز.

كما وتركز الجائزة على خمس معايير وهي: (القيادة، والمالية، والأفراد، والمعرفة، والعمليات).

ب- جائزة الملك عبدالله الثاني للتميز للقطاع الخاص:

تم إنشاء هذه الجائزة عام 1999 وذلك بهدف تعزيز التنافسية الإيجابية لدى المؤسسات الأردنية من خلال نشر الوعي بمفاهيم إدارة الجودة الشاملة والأداء المتميز، وإبراز الجهود المتميزة للمؤسسات الوطنية وإنجازاتها في تطوير أنظمتها ومنتجاتها وخدماتها وتحفيزها على المنافسة على المستويين المحلي والدولي وتحقيق الإبداع والتميز في كافة المجالات. كما تهدف الجائزة إلى تبادل الخبرات المتميزة بين مختلف المؤسسات الأردنية ومشاركة قصص النجاح فيما بينها.

ج- جائزة الملك عبدالله الثاني للتميز لجمعيات الأعمال الأردنية

انطلاقا من سياسة مركز الملك عبدالله الثاني للتميز في توسيع أنشطتها وسياساتها التحفيزية على الإبداع والتميز في الأداء إلى القطاعات الأخرى، قام المركز بإطلاق جائزة أفضل الممارسات لجمعيات الأعمال إلى جانب جائزة الملك عبدالله الثاني لتميز الأداء الحكومي والشفافية وجائزة الملك عبدالله الثاني للتميز للقطاع الخاص وذلك بهدف وضع معايير لمؤسسات الأعمال مبنية على الممارسات الدولية، وتعمل الجائزة كأداة منشطة ومحفزة لمؤسسات الأعمال للتحسين المستمر لخدمة أعضائها وتقديم الخدمة والأداء الأفضل سواءً للقطاع العام أو القطاع الخاص (مركز الملك عبدالله الثاني للتميز).

4. المجلس الأعلى للعلوم والتكنولوجيا

تم تأسيس المجلس الأعلى للعلوم والتكنولوجيا عام 1987 بموجب القانون رقم (30) كمؤسسة عامة مستقلة تشكل مظلة وطنية لكافة النشاطات العلمية والتكنولوجية في الأردن. ويهدف المجلس إلى بناء قاعدة علمية وتكنولوجية وطنية تساعد على دفع عجلة التنمية الاقتصادية والاجتماعية في المملكة. وللمجلس

الأعلى للعلوم والتكنولوجيا العديد من الإنجازات والأنشطة التي تدعم المجالات الإبداعية والتنمويـة المختلفة وفيما يلي أبرزها:

إقرار السياسـة الوطنيـة للعلـوم والتكنولوجيا في مطلـع عـام 1995 واعتمادهـا في إعـداد بـرامج تنفيذية لكل من عناصر السياسة الأربعة وهي: المعلومات، والموارد البشـرية، والبحـث والتطـوير، ونقل التكنولوجيا.

إنشاء العديد من المراكز العلمية اللازمة لغايات التنمية الاقتصادية والاجتماعيـة في المملكـة مثـل المركز الوطني لتنمية الموارد البشـرية، ومركز المعلومـات الـوطني، والمعهـد الـدبلوماسي، والمركـز الوطني لبحوث الطاقة وغيرهم.

الإسهام في التنمية المستدامة للبادية الأردنية لتحسـين مسـتوى معيشـة السكان فيهـا مـن خـلال برامج بحث وتطوير البادية الذي أنشئ عام 1992 الـذي هـدفت مـن خلالـه البـرامج إلى تطـوير قدرات الموارد البشرية ودعم المشروعات الريادية والإبداعية المختلفة.

إنشاء التجمع الوطني للتكنولوجيا وحضانة الأعمال في نهاية عام 2002 وذلك بهدف إيجاد البيئـة الملائمة لتطوير ونمو المؤسسات المبنية على المعرفة وتشجيع نشاطات البحث والتطوير في القطاع الخاص. بالإضافة إلى دعم وتشجيع المؤسسات الرياديـة والإبداعيـة الناشئة ومساعدة المبـدعين والرواد من خلال تسهيل حصولهم على الخدمات الإدارية والفنية والتمويل اللازم.

يسـعى المجلـس إلى بلـوغ رسـالته في إقـرار السياسـة العلميـة والتكنولوجيـة الوطنيـة والإستراتيجيات والخطط والبرامج المنبثقـة عنهـا، ويلعب دور المحفـز لتعزيـز وتسريع التفاعـل بـين مؤسسات المجتمع العلمي والتكنولوجي وقطاعات الإنتاج والخدمات، والحكومـة. كـما ويسـعى إلى ترجمة الأفكار الريادية والعلمية والتكنولوجية إلى مشروعات أعمال تجارية مـن خلال دعـم الإبداع والريادة وتنمية الموارد البشرية التي تعمل في مجالات البحث والتطوير.

للمجلس الأعلى للعلوم والتكنولوجيا نوعين من الأهداف هما: الأهداف الإستراتيجية والأهداف التفصيلية للفترة (2005 – 2010)، حيث يمكن إيجاز كل منها حسب الآتي:-

■ **الأهداف الإستراتيجية وتشمل:-**

أ- بناء قاعدة علمية وتكنولوجية متميزة.

ب- تحويل الأفكار العلمية والتكنولوجية ونتائج البحث والتطوير إلى سلع وخدمات ومشروعات تجارية.

■ **الأهداف التفصيلية وتشمل:-**

أ- إعداد السياسة العلمية والتكنولوجية الوطنية ومراجعتها الدورية.

ب- إنشاء وتعزيز الروابط بين المجتمع العلمي والتكنولوجي والصناعة.

ج- تطوير أعمال المؤسسات الصغيرة والمتوسطة.

د- دعم الإبداع والريادة والبحث والتطوير المشترك والتسويق التجاري لمخرجات البحث والتطوير.

ه- تعظيم الموارد الإستراتيجية الوطنية.

و- التنمية الاجتماعية والاقتصادية الإقليمية المعتمدة على البحث والتطوير.

ز- تطوير المعرفة وبناء قدرات البحث والتطوير.

ح- تعزيز التعاون بين الحكومة والمجتمع العلمي والتكنولوجي وقطاعات الإنتاج والخدمات.

ط- تنظيم النشاطات العلمية والتكنولوجية على المستوى الوطني.

ي- تخطيط الاستثمارات الوطنية في البحث والتطوير وتقييمها.

ك- حماية حقوق الملكية الفكرية (الأمانة العامة 2004).

ويرتبط بهذا المجلس من الناحية التنظيمية عددا من المراكز والمؤسسات الحكومية أبرزها: الجمعية العلمية الملكية, والمركز الوطني لتنمية الموارد البشرـية, ومركز المعلومـات الـوطني, والمعهـد الدبلوماسي, والمركز الوطني لبحوث الطاقة, والمركز الوطني للسكري والغدد الصماء وأمراض الوراثة.

5. جائزة الحسن بن طلال للتميز العلمي

أنشئت هذه الجائزة عام 1995 تقديراً للدور الريادي المتميز الـذي يقـوم بـه سمو الأمير الحسن بن طلال في تحفيز العلوم والتكنولوجيا في الأردن ويشرف على هـذه الجائزة المجلس الأعـلى للعلوم والتكنولوجيا، حيث تمنح هـذه الجـائزة للمؤسسـات الوطنيـة التي تتميـز في تطوير الأنظمـة التعليمية والتدريبية مثل (مؤسسات التعليم العام، ومؤسسات التعليم العالي، ومؤسسات التعليم التقني والمهني).

6. إنشاءُ الجامعات والمعاهد الأردنية المختلفة في معظم محافظات المملكة

حيث كان الهدف استقطاب العقول المُبدِعة من الشباب، وصقلِهم بالعلم والمعرفة ليكونوا عناصرَ رئيسةً في الإنتاج والعطاء والأداء المُميَّز، كما وعملت الجامعاتُ على جذب المتميزين والمبدعين في مختلف الجوانب العلمية والتخصصية، واستثمارهم في البحث والتطوير، ومن الجامعات، على سبيل المثال لا الحصر، الجامعةُ الأردنيةُ التي تأسست عام 1962 وجامعةُ اليرموك عام 1976 وغيرُها.

7. إنشاء مدرسة اليوبيل ومركز التميز التربوي

وقد كان الهدف جذب العقول المبدعة من الطلبة من كافة مـدارس المملكة، حيـث تتميز هذه المدرسة بالخروج عن نظام التدريس التقليدي والاعتماد على احدث الطرق والأساليب التعليمية، وتتميز بالكفاءات التدريسية المبدعة أيضا التي تقوم بتـدريس بـرامج تربوية متميزة في مختلف المجالات كالحاسوب والقيادية ومهارات الاتصال والتفكير واللغات والعلوم وخدمة المجتمع والإرشاد والمهني والفني

والأكاديمي. كما تتميز أنها مدرسة ثانوية مختلطة داخلية مستقلة يتم إدارتها والإشراف عليها من قبل مؤسسة الملك حسين بالتعاون مع وزارة التربية والتعليم بموجب اتفاقية وقعت قبل افتتاح المدرسة في مطلع عام 1993.

1- **تبني سياسة التسريع الأكاديمي** في عام 1997/ 1998 من قبل وزارة التربية والتعليم بهدف الترفيع الاستثنائي للطلبة المتفوقين والمبدعين دراسياً بحد أقصاه مرتين وفق معايير محدده من الإبداع والموهبة والتفوق في التحصيل المدرسي من مستوى 95% فما فوق وبنسبة ذكاء خارقه على اختبار فردي لا تقل عن 135. وتقوم فلسفة هنا التوجه على أن يقفز الطالب صفين دراسيين في سنة واحدة خلال الصفوف من الأول الأساسي حتى الثامن الأساسي.

2- **إنشاء مدارس الملك عبد الله الثاني للتميز** عام 2002/2001 بهدف استقطاب ورعاية المواهب المختلفة للطلبة المبدعين والمتفوقين من الذكور والإناث في المجالات الفنية والعلمية والأدبية، وتعمل فلسفة هذه المدارس الحكومية التابعة لوزارة التربية والتعليم على قبول الطلبة بمعدل لا يقل عن 95% في المواد الأساسية كالعلوم والرياضيات واللغة العربية واللغة الانجليزية خلال الصفين الخامس والسادس الأساسيين، وتبدأ هذه المدارس بقبول الطلبة المتفوقين فيها ابتداء من الصف السابع الأساسي.

3- **وفي عام 2009 تم إطلاق مبادرة أهل الهمة** من قبل جلالة الملكة رانيا العبد الله التي هدفت من خلال هذه المبادرة إلى تحفيز وتكريم المبدعين والمتفوقين من عامة الشعب بمختلف الفئات العمرية ذكوراً وإناثا وذلك إيمانا أن الإبداع والتفوق يأخذ أشكالا مختلفة ولا ينحصر على الشيء الفائق، وإنما مثل هؤلاء من الناس العاديين الذين يقدموا خدمات مختلفة للناس والمجتمع والوطن بطرق مختلفة ودون انتظار عوائد ملموسة أو مكاسب شخصية يستدعي ذلك أن يكونوا من أهل الهمة ومستحقي لقب الإبداعية والتفوق.

وهناك العديدُ من المؤسسات العامة الأخرى في المملكة والتـي لا مجـال لـذكرها في هـذا المتناول تعمل بشكل دوؤب على دعم وتشجيع التفوق والإبـداع والمواهـب مثـل جـائزة الملكـة رانيـا للإبداع، وجائزة الحجاوي العلمية، وجائزة الملكة رانيا العبدالله للمعلـم المتميـز، وجـائزة الملكـة رانيـا العبدالله للمدير المتميز وجائزة جامعة فيلادلفيا وغيرها .

أسئلة للمراجعة/ الفصل الثامن

اولاً: اجب عن الأسئلة التالية:

1. اذكر أهداف مركز الملك عبدالله الثاني للتميز

2. اذكر الجوائز التي يديرها مركز الملك عبدالله الثاني للتميز

3. كيف تشكل مبادرة أهل الهمة التي أطلقتها جلالة الملكة رانيا العبدالله حافزاً إبداعي؟

قائمة المراجــــــع

المراجع العربية

☐ القرآن الكريم، سورة الاحقاف، الآية 9.

☐ القرآن الكريم، سورة البقرة، الآية 117.

☐ أبو فارس، محمد عوده (1990). الإبداع الإداري لدى العـاملين في قطـاع المؤسسـات العامـة الأردنية، رسالة ماجستير غير منشورة، الجامعة الأردنية: عمان، الأردن.

☐ آرثر بل (2003). مرشد الأذكياء الكامل: بناء فرق العمـل. ترجمـة: تيـب تـوب لخـدمات التعريف والترجمة، شعبة العلوم الاقتصادية والإدارية، القاهرة: دار الفاروق للنشر والتوزيع.

☐ أفندي، عطية حسين (2003). تمكين العاملين: مدخل للتحسين والتطوير المستمر. القاهرة: المنظمة العربية للتنمية الإدارية.

☐ الأمانة العامـة (2000). المجلـس الأعلى للعلـوم والتكنولوجيـا. إسـتراتيجية المجلـس الأعـلى للعلوم والتكنولوجيا 2010-2050، عمان، المملكة الأردنية الهاشمية.

☐ أيوب، ناديا حبيب (2000) . العوامل المؤثرة على السلوك الإداري الابتكاري لدى المديرين في قطاع البنوك التجارية السعودية، مجلة الإدارة العامة، المجلد 40، العـدد 21، إبريل ص ص. 1-51.

☐ بدوى، احمد زكي (1984). معجم مصطلحات العلوم الإدارية؛ الطبعة الأولى، بيروت: دار الكتاب اللبناني.

☐ برنوطي, سعاد نائف (2008). **الأعمال: الخصائص والوظائف الإدارية**, الطبعة الرابعة, عمان: دار وائل للنشر.

☐ البعلبكي منير(1979). الموارد: قاموس انجليزي- عربي, بيروت: دار العلم للملاين.

☐ الجديتاوي، جاد الله هزاع (2002). الإبداع في القطاع الحكومي الأردني: دراسة ميدانية حول صفات ومعوقات ومحفزات الإبداع في محافظات الشمال، رسالة ماجستير غير منشورة، جامعة اليرموك: اربد, الأردن.

☐ جلدة، سليم بطرس، وعبوى، زيد منير (2006). **إدارة الإبداع والابتكار**؛ الطبعة الأولى، عمان: دار كنوز للنشر والتوزيع.

☐ جواد، شوقي ناجي (2000). **إدارة الأعمال: منظور كلي**. عمان: دار ومكتبة حامد للنشر والتوزيع.

☐ خطاطبة, سهى محمود (2008). إستراتيجية مقترحة لإدارة الإبداع في الجامعات الرسمية الأردنية، أطروحة دكتوراه غير منشورة, الجامعة الأردنية: عمان, الأردن.

☐ خير الله، جمال (2008). **الإبداع الإداري**، الطبعة الأولى، دار اسامه للنشر والتوزيع ، عمان.

☐ حريم، حسين (2004). **السلوك التنظيمي: سلوك الأفراد والجماعات في منظمات الأعمال**. عمان: دار الحامد للنشر والتوزيع.

☐ الحسين، محمد ابديوي (2001). **مقدمة في إدارة الإنتاج والعمليات**؛ الطبعة الأولى، عمان: دار المناهج.

☐ الحمادي، علي (1999) التغيير الذكي، بيروت: دار ابن حزم.

☐ الخصاونه، عـاكف لطفـي (2007). أثـر النشـاطات الداعمـة للإبـداع التنظيمـي وخصـائص الخدمات المقدمة على رضا العاملين والمستفيدين عـن أداء المؤسسـة الاستهلاكية المدنيـة: دراسة حالة.

☐ الخضيري، محسن احمد (2003). إدارة التغيير، الطبعة الأولى، دمشق: دار الرضا للنشر.

☐ الخوالدة، رياض عبدالله (2005). أثر استخدام تكنولوجيا المعلومات علـى الإبـداع الإداري في المؤسسات العامة الأردنية، رسالة ماجستير غير منشورة، الجامعة الأردنية: عمان، الأردن.

☐ درة، عبد الباري (2004). **العامل البشري والإنتاجيـة في المؤسسـات العامـة**، الطبعـة الأولى، عمان: دار الفرقان للنشر والتوزيع.

☐ درة, عبد الباري؛ المـدهون مـوسى؛ والجـزراوي ابـراهيم (2002). الإدارة الحديثـة: المفـاهيم والعمليات, الطبعة الثانية, عمان: المركز العربي للخدمات الطلابية.

☐ درة، عبد الباري، والمدهون، موسى توفيق، وابراهيم، محمد (1994). **الإدارة الحديثة**. عمان: المركز العربي للخدمات الطلابية.

☐ درة، عبد الباري، وبلقيس احمد، ومرعي توفيق (1988). **الحقائب التدريبية**؛ الطبعة الأولى، بيروت: الدار العربية للموسوعات.

☐ الدهان، أميمة (1992). **نظريات منظمات الأعمال**؛ الطبعة الأولى، عمان: مطبعة الصفدي.

☐ ربايعة، علي محمد (2003). إدارة المـوارد البشرـية: تخصـص نظـم المعلومـات الإداريـة، الطبعة الأولى، عمان: دار صفاء للنشر والتوزيع.

☐ روشكا، الكسندرو (1989). **الإبداع العام والخاص**. ترجمة: غسان عبد الحي أبو فخر، الكويت: عالم المعرفة.

☐ السالم، مؤيد (1999). العلاقة بين أبعاد تصميم العمل والسلوك الإبداعي للعاملين: دراسة ميدانية في منشاة صناعية عراقية، **دراسات**، المجلد 26، العدد 1، ص ص. 98- 113.

☐ السكارنه، بلال خلف (2008). الريادة وإدارة منظمات الأعمال، الطبعة الأولى، عمان: دار المسيرة للنشر والتوزيع

☐ الشيخ سالم, فؤاد؛ رمضان, زياد؛ الدهان و اميمة ومخامرة محسن (2009). **المفاهيم الإدارية الحديثة**, الطبعة التاسعة, عمان: مركز الكتب الأردني.

☐ سويدان، طارق محمد، والعدلوني محمد(2002).مبادئ الإبداع،ا لطبعة الثانية، شركة الإبداع الخليجي، الكويت.

☐ الصرايرة، اكثم عبدالمجيد (2003). العلاقة بين الثقافة التنظيمية والإبداع الإداري في شركتي البوتاس والفوسفات المساهمتين العامتين الأردنية: دراسة مسحية، **مؤتة للبحوث والدراسات**، مجلد (18)، العدد (4)، ص ص. 187-239.

☐ الصرايرة, محمد وعايش محمد (1995). الاتصال التنظيمي: إطار نظري, مجلة أبحاث اليرموك, المجلد 11, العدد2, ص ص125-155.

☐ صندوق الإبداع والتميز. **دليل الإرشادات العامة**. عمان: وزارة تطوير القطاع العام.

☐ صندوق الملك عبدالله الثاني للتنمية، الموقع الإلكتروني: http://www.kingabdullah.jo/main.php?main_page=0&lang_hmka1=2 ، تاريخ 2007/6/7.

◻ الصيرفي، محمد عبد الفتاح (2003). **الإدارة الرائدة**؛ الطبعة الأولى، عمان: دار الصفاء للنشر.

◻ الطائي، يوسف حجيم.، و الفضل، مؤيد عبد الحسين.، و العبادي، هاشم فوزي (2006). **إدارة الموارد البشرية: مدخل إستراتيجي متكامل**، الطبعة الأولى، عمان: مؤسسة الوراق للنشر والتوزيع.

◻ عامر، سعيد (1991). إدارة التغيير وأهميتها، القاهره: مركز وايد سرفس.

◻ عباس، سهيله محمد، وعلي، علي حسين (2003). **إدارة الموارد البشرية**؛ الطبعة الثالثة، عمان: دار وائل للنشر والتوزيع.

◻ عبود، نجم عبود (2002). نحو إطار مفاهيمي متكامل للإبتكار في مؤسسات الأعمال، **الزيتونة للدراسات والبحوث العلمية**، العلوم الإنسانية، المجلد (1)، العدد (3)، ص ص. 133-168.

◻ عبود، نجم عبود (2003). **إدارة الابتكار: المفاهيم والخصائص والتجارب الحديثة**, الطبعة الأولى, عمان: دار وائل للنشر.

◻ عبوي، زيد منير (2006). **الاتجاهات الحديثة في المنظمات الإدارية**، الطبعة الأولى: دار الشروق للنشر والتوزيع.

◻ العساف، عبدالمعطي محمد (1999). **السلوك الإداري التنظيمي في المنظمات المعاصرة**، عمان: دار زهران للنشر والتوزيع.

◻ غنيم، عثمان محمد (2008). التخطيط: أسس ومبادئ عامه، الطبعة الرابعة، عمان: دار صفاء للنشر والتوزيع .

◻ الاشوح، صبري (1997). التفكير عند أئمة الفكر الإسلامي، مكتبة وهبه: ألقاهره

☐ العلاق، بشير عباس (1983). **مفاهيم مصطلحات العلوم الإدارية الموحدة**، الطبعة الأولى، عمان: الدار العربية للموسوعات.

☐ علي، سر الختم محجوب (1986). الإبداع الإداري والتطوير التنظيمي. في الصائغ ناصر محمد (المحرر). **الإدارة العامة والإصلاح الإداري في الوطن العربي**؛ الطبعة الأولى (ص ص. 1068-1097)، القاهرة: المنظمة العربية للعلوم الإدارية.

☐ العميان، محمود سلمان (2005). **السلوك التنظيمي في منظمات الأعمال**؛ الطبعة الثالثة، عمان: دار وائل للنشر والتوزيع.

☐ عناقرة، فاطمة نواف (1990). خصائص المنظمات الإدارية الإبداعية كما يتصورها القادة الإداريون، رسالة ماجستير غير منشورة، جامعة اليرموك: الأردن.

☐ الفضلي، فضل صباح (2003). العوامل المؤثرة على دور المدير كوكيل إبداع: دراسة تحليلية ميدانية في دولة الكويت، **مجلة جامعة الملك سعود**، العلوم الإدارية، مجلد (15)، العدد (2)، ص ص. 335-386.

☐ الفياض، محمود أحمد (1995). أثر النمط القيادي على الإبداع الإداري للشركات الصناعية المساهمة العامة الأردنية: استخدام نظرية الشبكة الإدارية، رسالة ماجستير غير منشورة، الجامعة الأردنية: عمان، الأردن.

☐ القبيسي، محمد (2002). واقع الإبداع في الدوائر الحكومية: دراسة استكشافية لإمارة أبو ظبي، رسالة ماجستير غير منشورة، جامعة اليرموك: الأردن.

☐ القريوتي، محمد قاسم (2003). **السلوك التنظيمي: دراسة السلوك الإنساني الفردي والجماعي في المنظمات المختلفة**؛ الطبعة الرابعة، عمان: دار الشروق للنشر والتوزيع.

□ القطامين، احمد (2002). الإدارة الإستراتيجية: مفاهيم وحالات تطبيقية؛ الطبعة الأولى، عمان: دار مجدلاوي للنشر والتوزيع.

□ اللوزي، موسى (2003). التطوير التنظيمي أساسيات ومفاهيم حديثة، الطبعة الثالثة، عمان: دار وائل للنشر والتوزيع.

□ اللوزي، موسى (2007). إدارة الموارد البشرية: تخصص نظم المعلومات الإدارية، الطبعة الأولى، عمان: دار صفاء للنشر والتوزيع.

□ مترو، فيصل إبراهيم (بلا). مخترعون ومبتكرون سجلهم التاريخ. ebtekar.8k.com/metro.htm أوخدت بتاريخ 2005/4/18.

□ مركز الملك عبدالله للتميز، الموقع الالكتروني: http://www.kace.jo/Arabic/about_us_ar.shtm##، تاريخ 2007/6/7.

□ المصري، احمد محمد (2008). الإدارة الحديثه: الاتصالات، المعلومات، القرارات، مؤسسة شباب الجامعية،الاسكندريه

□ المعاني، أيمن عودة (1996). الولاء التنظيمي: سلوك منضبط وإنجاز مبدع. عمان: مركز أحمد ياسين الفني.

□ المغربي، كامل محمد (2004). السلوك التنظيمي: مفاهيم وأسس سلوك الفرد والجماعة في التنظيم؛ الطبعة الثالثة، عمان: دار الفكر للطباعة والنشر.

□ ملحم، يحيي (2006). التمكين كمفهوم إداري معاصر. القاهرة: المنظمة العربية للتنمية الإدارية.

□ المنجي، زهراء بنت سيف (2004). الاتصالات الإدارية في الأجهزة الحكومية العُمانية، الإداري. السنة 26، العدد 96.

□ النجار، فايز جمعه، والعلي عبد الستار محمد (2006). الريادة وإدارة الأعمال ألصغيره, عمان: دار الحامد للنشر والتوزيع.

□ النجار، فريد (2004). إدارة الأعمال الاقتصادية والعالمية: مفاتيح التنافسية والتنمية المتواصلة. جمهورية مصر العربية: مؤسسة شباب الجامعة.

□ النعيمي، محمد عبد العال؛ صويص راتب جليل(2009) .إدارة الجودة ألمعاصره: مقدمة في إدارة الجودة الشاملة للإنتاج والعملين والخدمات، عمان: دار اليازوري ألعلميه للنشر والتوزيع.

□ هيجان، عبدالرحمن (1995). كيف نوظف التدريب من اجل تنمية الإبداع في المنظمات. المجلة العربية للدراسات الأمنية والتدريب. المجلد 10، العدد 20، ص ص.: 263- 310.

□ هيجان، عبدالرحمن (1999). معوقات الإبداع في المنظمات السعودية، مجلة الإدارة العامة، المجلد (39)، العدد (1) ص ص. 1- 69.

المراجع الأجنبية

☐ Abbas, Laila M. (2005). *Innovation and Organizational Culture: The Case of IT Companies in Jordan, Masters Degree, Yarmouk University: Jordan.*

☐ Adam, Rodney and Kelly Brigitte and Armstrong, Green (1998). *Investigation of relationship between total quality and innovation.* **European Journal of Innovation Management.** 1, 136-149.

☐ Amabile, Tersa (1988). *Model of creativity and innovation in organizations.* **Research in Organization Behaviors.** 10, 123-167.

☐ Andriopoulos, Constantine (2001). *Determinants of organizational creativity: A literature review.* **Management Decision.** 39, 834-840.

☐ Awamleh, Na'il, A. (1994). *Managerial innovation in the civil service in Jordan.* **Journal of Management Development.** 13, 52-59.

☐ Baron, J. and Kreps , D.M. (2000).*Strategic Human Resources: frameworks for General Managers, Johnwiley and Sons, New York.*

☐ Barrett, Hilton., Balloun, Joseph, L. and Weinstein, Art (2005). *The impact of creativity on performance in non-profits.* **Int. J. Nonprofit Volunt, Sect. Mark** 10, 213-223. www.interscience.wiley.com.

☐ Bateman, Thomas S. and Zeithaml Carl P. (1990). **Management: Function and Strategy.** Boston: Richard D. Irwin, Inc.

☐ Brockman, Beverly, K., and Morgan, Robert, M., (1999). *The evolution of managerial innovations in distribution: What prospects for efficient consumer response (ECR)?*. **International Journal of Retail & Distribution Management**. 27, 397-408.

☐ Brown, Donald, R., and Harvey, Don (2006). **An Experiential Approach to Organization Development**. *New Jersey: Pearson Prentice Hall.*

☐ Buchanan, David and Huczynski Andrzej (2004). **Organizational Behavior An Introductory Text**; 5th Ed., London: Pearson Education Limited.

☐ Burnes, Bernard (2000). **Managing Change: A Strategic Approach to Organizational Dynamics**; 3rd Ed., New York: Pearson Education.

☐ Challahan, Robert E., Fleenor Patrick and Knudson Harry R., (1986). *Understanding Organizational Behavior: A Managerial Viewpoint, Ohio: charles E. Merrill Publishing Co.*

☐ Chandan, Jit S., (2005). **Organizational Behavior**; 3rd Edition, New Delhi: Vikas Publishing House.

☐ Child, John (2005). *Organization: Contemporary Principles and Practice, Oxford: Blackwell Publishing.*

☐ Cook, Petter (2000). **The Creativity Advantage. Is your Organization the Leader of the Pack.** *UK: Gower, Al Dershort.*

☐ Cowan, J. Milton (1980). **A Dictionary of Modern Written Arabic**; 3rd Ed., London: Macdonald & Evans LTD.

☐ Cumming, Brain (1998). *Innovation overview and future challenge.* **European Journal of Innovation Management**. 1, 21-29.

☐ Daft, Richard L. (2001). **Organization Theory and Design**; 7th Ed., New York: South Western Publishing.

☐ Dale, G. Meyer (2000). Enterpreneurship as Strategy, Sage publication Inc.: London.

☐ Davis, Howard and Scase, Richard (2000). **Managing Creativity: the Dynamics Work and Organization**; 1st Published, Philadelphia: Open University Press.

☐ Decanio, Stephen J., Dibble, Catherine and Amir-Atefi, Keyvan (2002). The importance of organizational structure for the adoption of innovations. **Management Science**. 46, 1285-1299.

☐ Don,Harvey & Donald Brown (2001).An Experiental Approach to Organization Development, (6 th) edition, prentice Hall: New Jersey.

☐ Douglas, Smith (1999). Taking Charge of Change, , New York Addison Wisely.

☐ Eskildsen, Jacot, K., and Dahlgaard, Jens, J. and Norgaard, Anders (1999). The impact of creativity and learning on business excellence. **Total Quality Management**.10, 523-530.

☐ Floyed, Steven, W., (2000). Knowledge creation and social networks in corporate entrepreneurship: The renewal of organizational capability. http://Search.epnet.com/direct.asp cited Vol.23. Issue 3. 22/5/2009.

☐ French, Wendell L., Kast, Fremont and Rosenzweig James E. (1985). **Understanding Human Behavior in Organizations**, New York: Harpper & Row Publishers.

☐ Goodwin, Watson (1998). Resistance to Change, New York,Grisp publisher.

☐ Hage, J.T., (1999). Organizational innovation and organizational change, **Annual Reviews Social**. 25, 597-622.

☐ Heller, Frank; Pusic Eugen; Strauss George, and Wilpert Bernhard (1998). **Organizational Participation: Myth and Reality**; 1st Published, New York: Oxford University Press Inc.

☐ Hellostrom, Tomas (2002). Guiding innovation socially and cognitively: The innovation team model at Skanova networks. **European Journal of Innovation Management**. 5, 172-180.

☐ Hisrich, Robert D.,and Petrts Michael P.(2002).Entrepreneurship (5 th) edition, Irwin :McGraw-Hill Compaies Inc.

☐ Hitt .M.A., Ireland R. D., and Hoskisson R.E.(2001). Strategic management:Competitiveness and Globalization, South Western College, New Jersey.

☐ http//www.arabschool.org.sy/celebration/ Dr.Abdelhadiy.2oouteibi.doc

☐ Ivancevich, John M. and Matteson Michael (1990). **Organizational Behavior and Management**; 2nd Ed., Boston: Richard D. Irwin Inc.

☐ Johnson, Gerry and Scholes Kevan (2001). Exploring CorporateStrategy,(6th) edition, Prentice Hall: New York.

☐ Jones, Gareth, R., (2004). **Organizational Theory Design and Change**; 4th Ed., New Jersey: Pearson Education Inc.

☐ Judge, W., fryxel, G.E. and Donley, R.S. (1997). The new task of R & D management: Creating goal directed communicates for innovation. **California Management Review**. 39, 72-84.

☐ Judith, J. Mars and Hairre Vredenberg (2004). An empirical study of factors influencing innovation implementation in industrial sales. **Organizations Journal of the Academy of Marketing Science**. 20,   www.searchepnet.com, Select on 14/7/2008.

☐ Kandampully, Jay (2002). Innovation as the core competency of a service organization: The role of technology, knowledge, and networks. **European Journal of Innovation Management**. 5, 18-26.

☐ Kotter, John, P. (1990). **A Force for Change: How Leadership Differs from Management**. New York: Free Press.

☐ Koulter, mary (2001). Enterpreneuarship in Action. Upper Saddle River, New jersey: prentice-Hall Inc.

☐ Kreinter, Robert and Kinick, Angela (1992). **Organizational Behavior**, 2nd Ed., Home wood, III. IRWIN.

☐ Kuratko, Donald F. and Hodgetts Richard .(2001). Entrepreneur ship A Contemporary Approach,(5th) edition, Harcourt college publishers.

☐ Lacaster, Geoff and Lastor, Massin (2000). **Marketing Management**. London: The McGraw-Hill.

☐ Lee, Cassey (2004). The Determinants of innovation in the malaysian manufacturing sector: An economic analysis at the firm level. **ASEAN Economic Bulletin**. 21, 319-329.

☐ Mackinnon, D.W. (1991). **The Study of Creativity in Proceedings of the Conference on the Creative Person**. Berkeley: University of California.

☐ McDaniel, Bruce (2000). A survey on entrepreneurship and innovation. **Social Science Journal**. 37, 74-91.

☐ Morris, Wayne (2005). A Survey of Organizational Creativity. Available: http: //www.jpb.com/creative/organizationalcreativityMorris.pdf.

☐ Morris..M. H.,(2000). Enterpreneural Intensity: Sustainable Advantage for Individuals Orgnizations and Societies, Westport. CT: Quorum Boo New york.

☐ Narain, Daya (1997). *Management Terms and Concepts*. New Delhi: Vikas Publishing House.

☐ Nickerson, Raymond, S., (1999). Enhancing Creativity. in Sternberg, Robert, j. (Editor). Handbook of Creativity (PP.392-420), USA: Cambridge University Press.

☐ Paulus, Paul B. (2000). Groups, Teams, and Creativity: The Creative Potential of Idea-Generating Groups, *Appled Psychology: An International Review*, 49 (2), PP. 237-262.

☐ Porter, Michael E., (1993). Changing Patterns of International Competition, *California Management Review*, Vol, XXVL, No. 2, www.searchepnet.com 14/5/2009.

☐ Rickards, Tudor (1996). The management of innovation: Recasting the role of creativity. *European Journal of Work and Organizational Psychology*. 5, 13-27.

☐ Robbins, Stephen (1998). *Organizational Behavior*; 8th Ed., New Jersey: Prentice Hall.

☐ Robbins, Stephen, P. (1993). *Organizational Behavior: Concepts Controversies and Applications*; 6th Ed., New Jersey: Prentice Hall Inc.

☐ Rosenberg, Jerry M., (1978). *Dictionary of Business and Management*. New York: Herbert H. Lehman College of the City University of New York.

☐ Sorge, Arndt (2002). *Organization*. London: Thomson Learning.

☐ Suh, Taewon and Shin, Hochang (2005). Creativity, job performance and their correlates: A comparison between non profit and profit Driven organizations. Int. *Nonprofit Volunt, Sect.Mark* available: http: //www.intersience.wiley.com.cited.15/2/2007.

❏ Suliman, Abubakr, M. (2001). Are you ready to innovate? work readiness to innovate relationship: The case of Jordan, **Journal of Creativity and Innovation Management**. 10, 49 -59.

❏ Sundgren, Mats., and Dimenas, Elof., and Gustafsson, Jan-Eric and Selart, Marcus (2005). Drivers of organizational creativity: a path model of creative climate in pharmaceutical R&D. **R&D Management**, 35, 359-374.

❏ Swan, Peter and Birke, Daniel (2005). **How Do Creativity and Design Enhance Business Performance? A Framework for Interpreting the Evidence**. Nottington University Business School, 1-44.

❏ Thompson, Ronald and Carts-Baril, William (2003). **Information Technology and Management**; 2nd Ed., Boston: McGraw Hill.

❏ Torrington, Derek (1998). **Human Resource Management**; 4th Ed., London: Prentice Hall.

❏ Vakola, Maria and Rezgui, Yacine (2000). Organizational learning and innovation in the construction industry. **The Learning Organization**. 7, 174-183.

❏ Wang, Catherine and Ahmed Pervaiz (2002). Learning through quality and innovation. **Managerial Auditing Journal**. 17, 417-423.

❏ Webester, Noah (1978). **Webester's New Twentieth Century Dictionary of English Language**; 2nd Ed., New York: Collins Word Co. Ltd.

❏ Wickham, Philip A. (2001). Strategic Entrepreneurship, Prentice Hall: New york.

❏ Williams, Scott (2001). Increasing employees creativity by training their managers. **Industrial and Commercial Training**. 33. 65 – 66.

❏ Woodman, R., and Sawyer, J., and Griffin, R., (1993). *Toward a theory of organizational creativity.* **Academy of Management Revie**. 18, 293 –

T0209878

Printed in the United States
By Bookmasters